科学出版社

北京

内 容 简 介

张瑞敏、杰克·韦尔奇、稻盛和夫等卓越领袖的管理可以精简为一个字——爱。爱有无数，在此特指管理范畴。本书是一部“爱心管理”圣经，旨在告诉每一位企业管理者：爱是一种生产力——只有懂得如何关爱员工的管理者，才能打造最好的团队，成就最好的企业。

本书通过大量生动活泼的中外卓越企业领导管理的经典案例，深入浅出地阐述了“爱”的管理智慧，对于企业管理者有非常大的启迪意义，特别适合人力资源管理者阅读。

图书在版编目（CIP）数据

爱你的员工/张丽，唐渊编著．—北京：科学出版社，2010
ISBN 978-7-03-028409-9

Ⅰ.①爱… Ⅱ.①张… ②唐… Ⅲ.①企业管理：人事管理 Ⅳ.①F272.92

中国版本图书馆CIP数据核字（2010）第143971号

责任编辑：文 戈 傅 愈／责任校对：柏连海
责任印制：吕春珉／封面制作：蒋宏工作室
版式设计：森广达设计

科学出版社 出版
北京东黄城根北街16号
邮政编码:100717
http://www.sciencep.com
双青印刷厂 印刷
科学出版社发行 各地新华书店经销
*
2010年8月第 一 版 开本：B5（720×1000）
2010年8月第一次印刷 印张：15 3/4
印数：1—7 000 字数：200 000

定价：29.00元

（如有印装质量问题，我社负责调换〈双青〉）
销售部电话 010-62134988 编辑部电话 010-62135763-8011

前言

“我爱你，我知道你能做得更好”

是不是非要发生了富士康的“12连跳”，我们才想起员工“他有工作的尊严”？

是不是非要等到本田的“停工门”被曝光，我们才想起关心员工的“职场的幸福感”？

仅仅靠加班和管制就能带来更多的利润吗？

难道老板和员工之间只剩永劫不复的囚徒困境？

不，绝不！在卓越的企业家看来，管理绝对不是零和博弈，而是一种爱的互动。

当通用电气公司前CEO杰克·韦尔奇的接班人杰夫·伊梅尔特处境非常艰难的时候，杰克·韦尔奇对他说：“我爱你，我知道你能做得更好。”

西南航空公司CEO赫伯·凯莱赫认为自己的经营秘诀在于:以爱为凝聚力的公司比靠畏惧维系的公司要稳固得多。

需要指出的是,杰克·韦尔奇凭借爱所创造的股东财富比世界上任何一个CEO都要多,其价值超过3000亿美元,而赫伯·凯莱赫则依靠爱创立了世界上最有价值的航空公司。

“经营之神”松下幸之助认为,企业最大的资产是人。成功的企业和失败的企业之间,从产品到技术,从服务到销售,相差不会很大,其差距主要在于对待员工的态度,成功的企业把员工当成自己的亲人和伙伴,激发他们的激情和潜能;失败的企业把员工当成奴隶或者下属,要求他们无条件地服从,不折不扣地执行。

盛世长城国际广告公司CEO凯文·罗伯茨说:“我们不应把品牌看做是商标,而应把它当做是‘爱’的标记。”他这句话的观点与杰克·韦尔奇和赫伯·凯莱赫的态度是一致的,那就是:我们需要将爱注入到企业中去。

张瑞敏说:“要赢得员工的心,仅靠严肃管理是错误的,必须从爱的角度去管理员工,让每个人的脸上挂满笑容。”不难理解,在张瑞敏心目中,严肃是管理的表象,爱才是管理的核心。

而那些双输的境况——管理者抱怨缺少合适的人才,而优秀员工则来了又走,走了又来,“铁打的营盘流水的兵”,员工换了一批又一批,企业的业绩还是没有起色;管理者一心想着如何销售产品,对员工漠不关心,而员工则仅仅是在完成管理者交代的工作任务;管理者总琢磨着如何让员工多多服务于企业,却忽略了最重要的事情——多多服务于员工。所有这些,仅仅是因为管理者忘记了一点,也是最重要的一点——爱自己的员工。

由此看来,管理的内涵就是以人为本,以爱为上。只有从爱的角度去重新理解、定位管理，才能不断增强管理的有效性和实效性，才能使员工自由、快乐地工作和生活。而作为管理者，也可以在这种氛围里，尽情享受包括自己在内的团队成员所创造的乐趣和成功。

投桃报李是人之常情，而管理者如果爱员工，员工对管理者的回报就会更强烈、更深沉、更长久。在新经济时代的今天，那种把员工当成奴隶或者下属的观念早已过时。今天的企业需要的是一群共同努力打拼的伙伴，他们群策群力，充满热忱，时时刻刻想着如何使企业变得更美好、更强大。

企业的主体是员工，管理者最重要的工作是经营员工。如果管理者爱员工，员工把经营好企业当成自己的事业，对企业有巨大的认同感，视企业的成功和失败为自己的成功和失败，那么很难想象这样的企业会不成功。所有的员工都发挥自己的最大热情，有主见，敢于担当，这样的企业表现出来的肯定是一种昂首向上的精神风貌。

本书是一部“爱心管理”的“圣经”，旨在告诫中国的企业管理者：爱是一种生产力。书中通过大量生动活泼的经典案例，深入浅出地阐述了“爱”的管理智慧，它让我们明白：爱不仅是人生的真实意义，也是管理学的真实意义。

你渴望员工激情澎湃吗？你渴望员工积极主动吗？你渴望减少恼人的人才流失现象吗？你渴望做一名优秀的管理者吗？请你从现在开始，仔细阅读并消化本书中蕴涵的管理理念，我们相信，未来你一定会取得卓越的成就！

目录

第一章　以爱之名:爱员工就等于爱自己

爱员工不只是一种社会责任,更是对企业的自身发展负责任,因为员工是企业立足生存和持续发展之本,只有企业爱员工,员工对企业的爱才会越来越深,才会为企业源源不断地创造财富。

第二章　动之以情:营造家庭式团结

员工是企业最重要的资产,管理者应该视员工为家人。关爱员工,服务员工,管理者不仅要树立服务意识,提高员工满意度,而且要与员工进行有效沟通,信任员工,真诚地对待员工,以微笑面对员工。

第三章 以心换心:服务员工才能服务顾客

管理者经营的是企业,而不是产品,企业必须“以人为本”。如果管理者只重视产品而不重视员工,那就会本末倒置。因为企业需要员工,没有好的员工,一个企业不可能快速发展。

第四章　一起分享:和员工结成利益共同体

企业和员工是利益共同体,企业应该塑造人人平等的和谐氛围,因为企业追求经济效益的最大化与员工获得利益的最大化满足是相辅相成的。建设企业文化实质上是建立企业内部的动力机制。

第五章　打造团队:用真情实感带队伍

分享才能共赢,帮助别人就等于帮助自己。对管理者而言,真正意义上的成功必然是团队的成功。爱心管理的一个重要举措就在于,培养员工,打造强大的团队。

第六章　共同成长:为员工制定生涯规划

员工的成长就是企业的成长,以人为本的企业会通过人文关注、人性理解、人道关怀、人情关爱、人格尊重,从精神层面满足员工的成长需求。一个成功的管理者不仅会教育和培训员工,还会帮助员工制定职业生涯规划。

第一章

以爱之名:爱员工就等于爱自己

爱员工不只是一种社会责任,更是对企业的自身发展负责任,因为员工是企业立足生存和持续发展之本,只有企业爱员工,员工对企业的爱才会越来越深,才会为企业源源不断地创造财富。

让爱联结企业与员工

爱是人类共同的语言，爱是各种关系最好的润滑剂。在我们所有的情感体验中，爱是最美好的一种。不管是人与人之间，还是人与物之间，只要产生了爱的情感，一切就会变得美好起来。爱的奇妙还在于：一旦这种情感产生并深入发展，就会产生无穷的动力，推动人们去创造奇迹。不是吗？相爱中的男女总有无穷的动力和智慧，为了美好的生活和事业而拼搏不息；而热爱祖国的人，总是前仆后继，为了祖国的繁荣昌盛而流血流汗、奋斗不息。这样的例子真是数不胜数，俯拾皆是。

现代社会，企业与员工之间的关系可以很简单，就是普通雇主与雇员之间的关系，员工为企业完成一定的工作任务，企业付给员工相应的报酬，仅此而已。但是，为了最大化地创造效益，管理者总是希望员工能以企业为家，在工作岗位上发挥最大的积极性和主动性，为企业创造更多的财富。当然，最理想不过的情况，就是每一位员工都能对企业产生爱的情感，因为只有有了爱，员工们才会像鼓足了风的帆，斗志昂扬地一往无前。爱就是付出，就是不求回报的奉献。

但是，坦白地说，当今世界，能够有幸达到这种境界的企业恐怕不多。原因何在？因为这个世界上从来既没有无缘无故的恨，也没有无缘无故的爱。而且爱是相互的，长久的爱更是相互不断付出的结果。所以，作为管理者，要想员工爱企业，就要在如何赢得员工的“芳心”上多下工夫。

管理者怎样才能赢得员工的“芳心”呢？俗话说：“欲取之，先予之。”相信谈过恋爱的人都清楚，有付出才会有回报，要获得爱的回报，就得从关心对方的每一件大事小事开始做起。管理者应该站在员工的角度，全方位立体地为员工着想，不仅要考虑员工的现实问题，而且要为员工的未来着想，同时还得帮助员工解决各种各样的困扰和难题。就像我们爱自己的孩子一样，不仅要为他们的健康成长着想，还得为他们的幸福成才着想。管理者应该给予员工更多的关心和爱护，而且要从每一件小事做起，因为对企业来说，一件再小不过的事，对员工来说有可能就是一件天大的事。

亚洲首富李嘉诚提及自己的经营理念时说：“我不是一个聪明的人，我对我的员工只有一个简单的办法，一是给他们相当满意的薪金，二是让他们将来有能力养育自己的儿女。所以，我的员工到退休还在为公司工作，他们会设身处地地为企业着想，因为企业也真心为员工着想。”多么简单而又深刻感人的办法啊！

的确，只有管理者从每一个细节上关心与爱护员工，员工才能悉心感受到企业对自己的爱，也才会以更深的爱回报企业。员工事，无小事，只有时刻做到想员工之所想，急员工之所急，管理者才能不断地与员工加深了解，加深感情。而只有管理者爱员工，员工对企业的爱才会越来越深，这种深爱才会在平日的工作中转化为动力，为企业源源不断地创造财富。

【案例 1】稻盛和夫："敬天爱人"

对于爱心管理，我们不能不提到"利他"经营的稻盛和夫。稻盛和夫在 40 多年的经商生涯中，一手缔造了"京瓷"和"第二电信电话"两个世界 500 强企业。稻盛和夫一直把"敬天爱人"作为京瓷的社训，在他看来，做企业犹如做人，要以光明正大、谦虚的心态对待工作，拥有一颗崇尚自然、热爱人类、热爱工作、热爱公司、热爱祖国之心。

可是，稻盛和夫起初并不为员工所理解。事情往往就是这样，在公司初创时期，创业者是营销领头羊和技术带头人，每天工作到晚上 12 点，他们在严格要求自己的同时，对部下也不放松要求。创业者常常认为自己可以忍受苦行僧般的生活和没完没了的工作，员工一定也可以。但是，创业者在公司里有股份，而一般员工则没有股份。于是，在"京瓷"创立的第二年，有 10 个生力军就以"工作艰苦"、"收入低"和"未来没有保障"等为由向稻盛和夫递了集体辞呈，稻盛和夫十分吃惊。

在吃惊的同时，这一事件也让稻盛和夫意识到与员工交流的重要性。如果员工各有各的打算，各自努力的方向截然不同的话，就会缺少合力。在此之前，稻盛和夫是一遇到机会，就与员工交流。在此之后，稻盛和夫更是把极大的精力投入到与员工的推心置腹当中，并有计划地举办各种联谊会。联谊会上，每次稻盛和夫都手持酒杯走到员工当中，询问工作情况和现实问题，坦诚陈述自己的看法和意见，提出解决问题的方法。在 10 人集体辞职的那一年，联谊会一年举办两次，后来发展到每年举办 10 多次，而每次稻盛和夫都会参加。

在 40 多年的经营生涯中，稻盛和夫一直恪守自己的诺言，把"敬天爱人”深化到公司行为规范、绩效考核制度、工作流程和经营体制中。稻盛和夫还尽量让员工持有股份，因为他不单单把员工视为劳动者，而且把他们视为同志和合作伙伴；他从来就不认为公司是个人的，而是一个共同体。“公司员工不是建立在雇佣与被雇佣的关系上，而是相互倾心的同志们，聚在一起所结成的命运共同体，大家都是为了这个共同体而工作。”1987 年，稻盛和夫把自己价值 17 亿日元的股份赠给 1.2 万名员工，让满怀振兴企业理想的他们有了一个新的坐标。

有些企业家把企业当成私有物品，当做实现个人财富目标的工具，采取各种方法满足私利。有些企业家甚至通过曲折的运作，想方设法把企业的利益往家族的筐子里装，而无视员工利益的保障，导致企业停止增长或被淘汰出局。他们的终极目标有时自己也说不清楚，但大体可以归结为赚取财富和名望。有时他们也有灵魂上的需要，于是便去拜佛或者走进教堂。这时，所谓的信仰成为他们欲望的避难所。欲望制造了困惑，信仰不过是欲望的延伸。在他们那里，做生意、日常情感生活、理想与信仰等诸般欲求是绝对割裂的。而一个四分五裂的头脑，是无法缔造一个常青企业的。而稻盛和夫却是一个圆融的整体。在他看来，做生意、日常情感生活、理想与信仰是一个整体，是一种自然的爱的和谐，所以他“敬天爱人”。

稻盛和夫“敬天爱人”，于是在有生之年一手缔造了两个世界 500 强企业。

【案例2】马云：带着爱去做企业

有的人凭借投机取巧、权钱交易或走私漏税积累了巨额财富，但是他们注定只能在精神虚无的境况中了却残生；而唯有那些创造出激动人心的产品和服务的人，才最有可能成为受人崇敬的商业领袖，因为他们是真正的建设者，是民族的脊梁。

人活一世，都是带着使命来的。那些成功企业家的动力之源，正是对自己人生使命的觉醒。他们虽然拥有上亿元资产，却还在那里兢兢业业、克勤克俭地为着每一个铜板的来路和去向而操心。他们没有常人那么轻松，也没有游历大好河山的兴致，他们生命的情趣、意义和价值，都统一在他们"大爱精神"里。他们当中，不仅仅有稻盛和夫这样"敬天爱人"的日本人，也有马云这样"带着爱去做企业"的中国人。

这个矮小精干的英语老师，在做企业方面却毫不含糊。在互联网把游戏炒得火热的时候，马云则看到那些正处于求知欲旺盛时期的孩子，为虚拟世界的逼真景象所吸引，正把父母、爷爷奶奶、姥爷姥姥积攒的钱砸进网络游戏，有些甚至走上抢劫偷盗的路子，更有一些少男少女竟然为一点小事就模仿网络游戏来个生死决斗。孩子是时代和家庭的宠儿，他们一文不名，却能调动周边的巨额财富。但是对这样的生意，马云不屑一顾。他坦言，凡是有害社会的生意他统统不做，他只是想让天下所有的生意都更好做，他只做对人类有利的生意。于是，他全心致力于有正向意义的互联网建设。这种悲天悯人的赤子之心，只能出自一颗纯洁的心灵。

12年前，马云带领18个人用50万元创立的阿里巴巴，到今天手中已握有淘宝、支付宝、雅虎中国等多张“硬牌”。2007 年 11 月 6 日，阿里巴巴 B2B 上市融资达 17 亿美元，晋升全球互联网公司前 6 名，成为一家市值超过 200 亿美元的大公司。

与和他同时代的企业家陈天桥、史玉柱、李彦宏等不同，马云个人在阿里巴巴 B2B 仅是象征性持股。阿里巴巴 B2B 招股书显示，有 4900 名员工持有 404 068 311 股股份、39 191 742 股认股权及 250 767 股 RSUs（受限制股权），合计共达 4.435 亿股。上市后，1000 多名员工已经成为百万富翁，这是中国互联网企业到目前为止普及面最广的造富计划。

马云说：“做企业赚钱，赚很多的钱，许多人都这么想，但这不是阿里巴巴的目的。让员工快乐地工作、成长，让用户得到满意服务，让社会感觉到我们存在的价值，这才是阿里巴巴的社会责任感所在。”这几年，阿里巴巴和淘宝网已经为社会直接和间接提供了超过 10 万个就业机会，马云希望电子商务业务在未来 3～5 年内创造 100 万个就业机会。

《圣经·新约·马太福音》中说：“你想成为英雄吗？你就要首先牺牲你自己；你想成为万众的主人吗？你首先要成为万众的仆人！”“爱”正是马云内心精神的写照，正因为他“带着爱去做企业”，阿里巴巴和淘宝才能在员工和客户的支持下飞速成长。

你爱员工，员工才可能爱你

爱是互动的，一方爱，一方不爱，那叫“单相思”，只有你爱我，我也爱你，才会融洽和谐、两情相悦。在企业和员工、管理者与员工之间，要有“互爱”的结果，首要的一条是：企业、管理者要主动爱员工。也就是说，只有企业、管理者爱员工，员工才可能爱企业、管理者。这不是说，员工在“双爱”中无所作为，而是与企业、管理者相比，员工是弱者，是被动的。如果企业、管理者不爱员工，甚至还伤害员工，员工哪怕死心塌地爱企业，恐怕也不会有什么好结果。企业、管理者的爱绵绵不绝，员工对企业、管理者的爱才可能滔滔不绝。否则的话，一到年底，企业出现“跳槽风”、“民工荒”也就不足为怪了——是不是真爱，时间是最好的检验师。

美国奥辛顿工业公司曾提出了一条“黄金法则”：关爱你的客户，关爱你的员工，那么市场就会对你倍加关爱。“客户”是企业的外部客户，“员工”是企业的内部客户，只有兼顾内外，不顾此失彼，企业才能获得最终的成功。

关爱员工，管理者就必须给予员工足够的信任与授权，让他们自主地完成工作任务，尽情地把工作才能发挥出来。韩国三星公司的李秉喆就一直坚持这一经营之道。在三星公司开业不久，他就大胆地起用了一直没找到工作、被别人视为危险人物的李舜根。除资金运作、原材料进口等少数重要工作之外，他把几乎全部的日常业务都交给了李舜根。事实证明，李舜根对推动三星公司的迅速发展起到了重要作用。

关爱员工，管理者就应该在企业内部建立一套开放的沟通系统，以促进员工之间的相互关系，增强员工的参与意识。在通用电气公司，从决策层到各级管理层都实行“门户开放”政策，欢迎员工随时进入他们的办公室反映情况，对于员工的来信来访他们会进行妥善处理。通用电气公司每年至少举办一次生动活泼的“自由讨论”，努力使自己更像一个和睦、奋进的大家庭，从上到下直呼其名，无尊卑之分，互相尊重，彼此信赖，人与人之间关系融洽、亲切。

众多成功企业的实践证明，企业关爱员工，将进一步激发员工的工作热情，广大员工会在不同岗位上，以一颗对企业、对客户真诚的“关爱”之心，积极主动地投身于企业经营、服务工作之中。他们对企业、对客户的关爱体现在方方面面，在为企业赢得良好的社会声誉的同时，也必将为企业的持续发展奠定坚实的基础。

【案例3】捷甬达：员工的利益要放在首位

2003年，捷甬达实业有限公司正式成立工会，关爱员工成为企业更加自觉、更加有组织性的行动。工会成立后，迅速建立“员工互助基金会”，提倡“人人关心困难员工，个个奉献一份爱心”的社会美德，坚持“救急济难”的帮困原则，对员工的突发性经济困难给予及时援助，入会员工自己或家属遭遇困难时可向工会申请资金援助。

捷甬达创立于1995年，被国家统计局评定为“全国金属切削机床制造业百强企业”，是深圳同行业里唯一一家入围百强的企业。2008年，捷甬达的铣床产品荣获“中国铣床产业十大品牌”荣誉称号。在事业蒸蒸日上的同时，捷甬达也在不断地回报员工。除获得比较优厚的薪酬和拥有良好的生活条件之外，每位员工都享有社会保险和意外伤害（商业）双重保险，每年1个月的带薪假期、2～3日的旅游活动及一次身体健康检查。捷甬达每月最后一天准时足额发放工资，十几年来从未有拖欠现象发生。同时，捷甬达坚决遵守新劳动合同法的要求，与超过10年工龄的老员工签订无固定期合同，因此，在新劳动合同法实施之际，没有一名员工辞职，也没有辞退一名员工。即使是在受到金融危机影响销售量有所下降的情况下，捷甬达还是坚持一贯的标准，将保障员工的利益放在首位。

捷甬达的员工说，公司就像一个大家庭，而让他们备感温暖的是，公司董事长、党支部书记陈杰是一位充满爱心的当家人，员工有困难时，他总是毫不吝啬地伸出援助之手。一位女员工因病返乡休养，陈杰对她说：“回去安心养病，等身体好了，想回来就回来，公司随时欢迎你！”当了解到她返乡后经济困难时，陈杰又为她提供困难补贴。技术部一名技术员的孩子生下来得了轻度脑瘫，陈杰联系自己在山西的弟弟帮忙找医院治疗，并给予经济上的支援，由于治疗及时，孩子的病情得到了缓解。

“员工是企业最宝贵的财富，我们风雨同舟促进了企业发展，我们也应一起分享企业的发展成果。”陈杰如是说。

启示

如今，朋友间见面问起相互的工作情况时，比较容易问到的一个问题是：你的老板怎么样？一个吝啬的老板，可以欺骗自己："我的企业运行得非常良好，员工都非常满意。"但是，事实是遮盖不住的，在这个信息飞速传播的时代，如果一个企业的员工受到不公正的待遇，很快整个社会都会知道。相反，如果一个企业的员工受到公司的爱护，那么很快整个社会也会知道。

【案例 4】艾美特：爱是企业和员工共同的事业

"蜜蜂从清晨起在花间勤恳劳作，日落后收获甜蜜幸福的生活；员工忙碌辛苦为企业创造效益，企业发展壮大后自然要回报功臣。爱是企业和员工共同的事业。"这是艾美特公司管理者多年经营的心得。

在艾美特公司管理者的心目中，员工的权益保护始终被放在至关重要的位置。艾美特公司上下努力营造"企业爱员工，员工爱企业"的良好氛围，企业内部充满了朝气和活力。

艾美特公司成立伊始就十分重视对员工权利的保护。1991 年，艾美特公司在深圳的第一家工厂诞生，同年，公司工会成立，成为该市第一个台资工会组织。19 年过去了，目前，艾美特公司工会已拥有近万名会员，不仅实现了全员入会，还专门成立了劳动保护监督小组。艾美特公司工会完善的组织机构、健全的规章制度，成为其他台资企业竞相学习效仿的对象。

艾美特公司的员工中流传着一句话：公司是婆家，工会是娘家。员工遇到工作、生活上的困难，都会在第一时间找工会投诉反映，工会则督促相关部门或公司上层调查处理，及时给予员工满意的答复。

艾美特公司严格贯彻落实《劳动法》，实行工作日加班为正常的 1.5

倍、周末加班为正常的2倍、节假日加班为正常的3倍的加班薪资制度。女工享有90天产假，晚婚、晚育者另加15天，产后上班时艾美特公司会为其加发500元营养津贴，并特意安排每天哺乳时间。

“配股”、“分红”、“上市”，这些证券行业经常用到的名词，却时常挂在艾美特公司普通员工的嘴边。艾美特公司从2003年开始推行员工持股方案，当时有1000多名员工拥有公司股份。第二次配股方案出炉后，艾美特公司再次拿出300万股配给1500名员工。

员工持股方案让员工心系公司效益，廖小姐说：“股权让我们对工厂有了归属感。前年第一次分红，我拿到了1000多元的红利。现在大家茶余饭后谈论最多的就是公司效益，公司效益好我们就能分到更多的红利。有时候我会半开玩笑地对姐妹们说，要好好干啊，偷懒的话，当心年底没红利分哦！”

艾美特公司总经理办公室协理张先生自信地说：“现在深圳的工人流动性很大，很多工厂甚至招不到合适的员工，但我们从来不担心这些，很多工人挤破头争着想进我们公司。”

艾美特公司不仅用“员工持股”这个“秘诀”留住了骨干人才，在工厂里创造了和谐向上的良好氛围，而且努力通过培训和教育帮助员工成长。艾美特公司建立了完善的三级培训体制，员工从进厂开始，人力资源部就会分发培训手册及光碟，对员工进行团队精神、企业文化等方面的培训；在车间，部门领导会对每位员工进行生产流程、安全生产等方面的培训；在基层岗位，班组长还会对员工进行岗位职责、技能操作等方面的具体培训。这种全方位、立体式的培训方式，使员工能尽快熟悉本职工作，在较短时间内迅速成长。

艾美特公司还以建设“学习型企业”为目标，针对生产中遇到的难题，不定期地邀请特约师资群为员工“充电”。艾美特公司里洋溢着浓郁的学习风气，你追我赶，百舸争流。很多刚建厂时的流水线工人，现在都成为艾美特公司的技术主力。钟先生进厂时只是一位高中毕业的普通员工，经过艾美特公司的多年培训，再加上自身努力学习，现在已成为马达科的设计工程师，许多本科毕业的大学生都要向他请教。

为了给员工提供更好的成长平台与发展空间，艾美特公司大力推行本土化战略。以前，艾美特公司的管理人员多为台湾人，如今所有部门主管几乎全部是内地人。目前，艾美特公司的员工 99％为内地人，中层干部有 95％是从一线员工中提拔上来的。艾美特公司培养的人才还成为同行业竞相挖掘的“香饽饽”，在众多业内知名企业担任要职。

艾美特公司的工作既紧张又忙碌，但员工的业余生活同样丰富多彩、充满乐趣。艾美特公司每年都开展篮球比赛、卡拉 OK 比赛、登山、旅游等各类活动。员工投身在集体活动中，能由衷地体会到公司与员工亲如一家的幸福感。在艾美特公司，大部分员工是普通劳务工，他们远离家乡，只身来到深圳，往往在遇到人生困境的时候无依无靠。艾美特公司时刻关心员工的生活，在危难时刻，上至管理层，下至普通工人，都会及时伸出援助之手，互相帮扶，渡过难关。

员工出门在外，最担心的莫过于有病无处医。早在 1991 年成立之初，艾美特公司就建立了合作医疗机制，规定每位员工出 5 元，公司相应出 5 元作为医疗基金，让生病的人看得起病、住得起院。若是重大疾病，无论医药费有多高，艾美特公司按 70％报销，且不设用药限制。这样，员工进入艾美特公司就有了健康保障。2004 年 3 月，艾美特公司与镇医院合作，建立员工合作医疗制度。员工只需花上 1 元就可在工厂医务科挂号，免费享受医疗服务。2006 年 8 月，在董事蔡正富的倡议下，艾美特公司成立职工困难帮扶基金，每年划拨专款近百万元帮助因重病而导致家庭困难的员工，并形成长效机制，尽可能帮助员工解决燃眉之急。

2007年3月，一名员工因肝癌住院，艾美特公司发动员工捐款7.9万元。该员工花费3万元治疗费后不幸去世，艾美特公司将剩下的4万余元悉数交到该员工妻子的手中。考虑到该员工的两名子女年纪幼小（一个5岁，一个7岁），艾美特公司决定每月为两名孩子提供生活费各250元，一直抚养到18岁。若物价有提升，生活费还会相应增加。

艾美特公司积极推动企业工伤保险、养老保险、医疗保险事业，是广东省外资企业中最早实行三险制度的公司之一。为了解决员工遇到的实际生活困难，艾美特公司不仅准备了60多间夫妻房，还每年拿出200万元为买房买车的员工提供无息贷款。员工们都发自内心地说："在艾美特工作，我们非常安心。"

启示

艾美特公司有底气说出自豪的话，员工得到的实惠，就是艾美特公司自豪的资本。艾美特公司之所以发展态势良好，源自于公司对员工的爱护。给员工充电，最后受惠的是企业；给员工医疗，最后受惠的仍然是企业。员工的困扰就是企业的困扰，让员工安心，实际上就是让企业安心。

没有喜欢的爱是空洞的

法国企业界有一句名言:“爱你的员工吧,他会百倍地爱你的企业。”这里没有说是哪一种爱:像祖国热爱人民一样爱,像父母疼爱子女一样爱,还是像男人爱慕女人一样爱?如果浪漫的法国人指的是像男人对女人一样爱的话,我们要说的是:企业爱员工,只有爱是不够的,还要喜欢。

大家都知道,1960年当选美国总统的肯尼迪(1963年被刺杀)是个情圣。在他之前,民主党推选的总统候选人是老牌政治家史蒂文森·艾德莱。有人赞叹,艾德莱是仅次于丘吉尔的政治演说高手。遗憾的是,艾德莱1952年和1956年两次都在大选中输给了共和党的艾森豪威尔。

艾德莱也是个情圣,而且居然比肯尼迪更受女人欢迎,让肯尼迪左思右想也想不通。肯尼迪不明白艾德莱对女人的吸引力何在,就连自己的妻子都很喜欢、仰慕他;而自己跟女人在一起,确实比不上艾德莱那么游刃有余。在被刺杀前3个星期,肯尼迪终于忍不住问艾德莱(时任美国驻联合国大使)的副手克莱顿·弗里奇:“你觉得是什么原因?我也许不是这里最英俊的男士,但是上帝作证,艾德莱是个半秃头、大肚子,衣着毫无品位的人。他到底有什么东西是我没有的?”

弗里奇说:“总统先生,我很高兴终于你问了一个我心中有数,能够真实、准确地回答你的问题。你们两个人都爱女人,但是艾德莱还喜欢她们,而女人知道其中的分别。当他跟她们说话时,她们都能被他传递的一种信息打动。他传递的信息是她们都聪慧无比,值得聆听的。他在意她们所说的话、所做的事,这一点可真是动人心扉。”

没有喜欢的爱是空洞的。美国著名心理学家罗伯特·斯顿伯格认为,喜欢至少包含 10 个基本要素:渴望促进对方的幸福;跟对方在一起时感到幸福;尊重对方;在艰难时刻能够依靠对方;跟对方相互理解;与对方分享自己的占有物;从对方接受感情上的支持;给对方以感情上的支持;跟对方亲切沟通;珍重对方。

【案例 5】星巴克:视员工为伙伴

在业界,星巴克并不是薪酬最高的企业,其 30%的薪酬是由奖金、福利和股票期权构成的,星巴克中国虽然没有股票期权这一部分,但其员工管理的理念仍然是——视员工为伙伴。

星巴克中国有旅游、交通、子女教育、进修、出国交流等“自选式”福利和补贴,员工可以根据自身需求和家庭状况自由选择。这种“自选式”福利真正体现了人性化管理的真谛,大大增强了员工与企业同呼吸、共命运的信心。

1987 年 3 月,由于经营不善,鲍德文和波克决定卖掉星巴克在西雅图的店面及烘焙厂。舒尔茨得知星巴克求售,就毫不犹豫地买了下来。1987 年 8 月 18 日,新星巴克诞生了。从此,星巴克跳出原有的框架,开始出售咖啡饮品，并逐渐从西雅图宁静的咖啡豆零售小店转变成国际性连锁店。

1987年10月，芝加哥第一家星巴克咖啡馆开张营业。1990年，星巴克已经成为芝加哥的一道风景线，以至于很多当地民众还以为星巴克是在芝加哥发迹的。1990年，星巴克开了30家店，1991年开了32家店，1992年则一口气开了53家店。这些店面全部是直营店而非加盟店，全部由星巴克自主经营。

1991年，星巴克成为全美第一家为兼职员工提供股票期权的私人企业。1992年，星巴克在纳斯达克挂牌上市，分店上升到165家。1997年，星巴克在日本开店，此时全球分店数为1015家。1998年，星巴克陆续在海外建立分店，包括中国、新加坡、瑞士、德国等60多个国家。2004年，星巴克全球分店已达8600多家。

星巴克之所以发展速度如此之快，与舒尔茨不以赚钱为目标的“为商之道”是分不开的。舒尔茨认为，与员工形成互相信任的伙伴关系，信任和真诚才会传递到顾客，股东的长期价值才会增加。

1999年，星巴克在北京开了第一家分店。截至2005年年底，这家全球最热门的咖啡连锁店在中国内地的18个城市拥有165家。与在美国拥有近5000家连锁店相比，虽然星巴克在中国市场上的发展速度还不快，但星巴克仍然将“视员工为伙伴”的员工管理理念带进了中国，中国雇员也成为星巴克的合作伙伴，中国雇员的家庭成员也同时成为星巴克关注的对象。

星巴克视员工为伙伴，堪称爱护员工的代表。因此，星巴克一直被视为善于用人的企业典范，从而获得了“全球最佳雇主”的美誉。

爱员工就等于爱自己

近年来，一股“民工荒”浪潮席卷东南沿海，从珠江三角洲到长江三角洲，许多企业因为“无工可用”而不得不放弃到手的订单。值得关注的是，“无工可用”大都集中在存在劳动强度过大、员工权益缺乏保障等用工环境恶劣问题的行业和企业。特别是一些非公有制企业，劳动报酬偏低、长期超时加班、恶意拖欠工资、安全事故频发等现象，已成为挥之不去的“阴影”。许多管理者错误地认为，员工是花钱雇来的，想怎么使用就怎么使用，因此对待员工也是颐指气使、高压管理，轻则训斥，重则打骂，直至发展到强行搜身、非法拘禁等不法行为，严重侵害了员工的人身权利。

殊不知，员工不是奴隶，侵犯员工权益不仅违法，而且会给企业自身带来很多隐患。再好的产品也要靠员工去生产、销售，如果员工不是真心为企业着想，而是被迫为钱卖力，企业又怎么能创造一流的产品和服务呢？如果企业过分追求降低人工成本，忽视员工权益保护，其结果会是：不仅招聘不到高素质的员工，而且容易使现有员工产生抵触和怨恨心理，降低员工的向心力，造成员工队伍的不稳定，影响企业生产经营水平的提高。

人是感情动物，员工就业于企业，除了要挣取工资养家糊口之外，还渴望得到尊重、荣誉等无形收入。时下，以尊重员工权利为重要内容的SA8000（社会道德责任标准）正在全球范围内日益得到认可，并被加以推广。其实，爱员工不只是一种社会责任，更是对企业的自身发展负责任。当员工利益得到有效的尊重、保障和维护时，他们的工作主动性和积极性就会被充分调动起来，他们会发自内心地爱企业、助企业、兴企业，这样就为企业发展打下了坚实根基。爱员工就等于爱自己，这是一个值得企业管理者认真思考的问题。

所以说，企业与员工实际上是一个利益攸关的整体，是相互依存的关系。企业的发展兴旺，离不开员工的诚实劳动；员工的美满幸福，也有赖于企业的良性发展。企业好，员工也好；员工好，对企业也是大好事。

在经济不景气的时候，企业往往收缩战线，减少对员工的聘用，或者减少工资的发放。实际上，在困难面前，企业首先要尽量顾及员工的利益，与员工一起共克时艰、共渡难关。能够聘用，企业就应该尽量聘用；即使要解聘员工，企业也应该按照《劳动法》依法保护员工的权益。工资收入能不降低，企业就尽量不要降低；即使要降工资，企业也要多做说服解释工作。危难之中见真情，这个时候，企业对员工好一尺，将来员工就会回报企业一丈。而对于那些留在企业内的员工，企业则要多给予一些精神关怀，多举办一些送温暖的活动，比如说，可以多用一些时间组织员工学习，举办一些文娱活动，适当多放一些假。

至于员工，也应该尽量体谅企业的难处，把企业的事当成自己的事来对待。当企业出现经营困难的时候，员工要积极主动地出主意、想办法；面对暂时的不景气，员工也要学会过紧日子，和企业一起打拼，争取

早点过上好日子;在维护自己的权益时,员工一定要在合理、合法、合情的范围之内进行,不要提无理非分的要求。

对外派人员,企业要给予特别的关注。他们长年在外奔波,甚至远离自己的家庭和亲友,更需要企业的关爱。企业要做大做强,外派人员的作用不可低估,因为他们不仅要为企业的产品和服务开拓市场、寻找销路,最重要的是他们会将企业文化带到市场,通过自己的口碑和行动去影响客户。

在家天天好,出门处处难。由于工作的需要,营销人员被分配到各地的市场前沿,销售任务、竞争压力时刻充斥着他们的每一根神经,他们要历经千辛万苦,四处奔波,受尽委屈,与企业总部的办公人员相比,其生存环境自然要差很远。营销人员就像一支前线部队,当他们完成一个战役时就需要休整,他们比其他的员工更需要关心,更需要温暖,企业必须为此做好充分的准备工作——资金筹措、业务培训、内部交流、财务结算等。明智的企业在兑现承诺的同时,还会对他们论功行赏,甚至借助一些娱乐活动调节他们的情绪。当然,营销人员也要忠于和理解企业,认真做好自己的本职工作,学会先给予后索取。只有带着这种心态,企业才会更加关爱和理解营销人员。

【案例 6】中国石油天然气勘探开发公司:关爱员工,暖意融融

目前,中国石油天然气勘探开发公司的海外员工已达 1000 多人,分别在 26 个国家的 69 个项目上辛勤耕耘着。作为一个现代化的国际化公司,关爱员工是其发展壮大的内在动力。近年来,中国石油天然气勘探开发公司在做好开拓海外市场的同时,积极培育关爱文化,为海外员

工创造了良好的工作生活条件，并将这种关爱辐射到海外员工的家属身上，使海外员工队伍稳定而有活力。

中国石油天然气勘探开发公司坚持“关心员工，从点滴做起，从关爱员工家庭做起”的工作理念，致力于促进员工个人、家庭和事业的平衡发展。公司每年年初确定的为海外员工及家属办的“10 件实事”，到年底都能全部得到落实。每逢传统节日，公司都向海外员工及其家属寄发慰问品、慰问信，公司领导还要亲自登门慰问海外员工家属。

为更好地为海外员工家属服务，中国石油天然气勘探开发公司专门成立了“温馨之家”家委会，搭建起海外员工家属间相互了解、相互帮助的平台。公司还定期召开海外员工家属座谈会，听取大家的意见和建议。根据海外员工家属的需求，公司不仅组织开展各种培训和专题讲座，定期为海外员工家属体检，而且还在员工居住比较集中的小区建设健身、娱乐设施，丰富他们的文体生活。另外，公司还特别设立海外员工家属“特别奉献奖”，以此表彰和感谢广大海外员工家属对公司海外事业的支持与奉献。

孩子的教育和成长是海外员工牵挂的大事，中国石油天然气勘探开发公司也没有忘记。公司不仅制定了有关政策，鼓励海外员工扎根海外、建功立业，而且积极帮助海外员工解决子女入、转学等问题。寒暑假期间，公司会通过“温馨之家”家委会对海外员工的子女进行课外辅导。“六一”儿童节，公司会专门组织海外员工的子女开展集体活动和小型比赛。

对于海外员工，中国石油天然气勘探开发公司的关心更是无微不至。比如，对海外中方员工实行公寓式居住管理，开办中餐食堂；长年坚持捐送文学书刊及影视光盘等，满足海外员工的精神文化需求；为海外员工出入境办理护照、签证、机票、双程接送站、在京周转住宿等服务；建立海外员工联系制度，开通24小时服务热线，以确保服务及时。各海外项目组也经常利用节假日举办各种文娱、体育活动，营造相互关爱、团结互助、温馨和谐的氛围。难怪苏丹项目的一位员工说："公司无微不至的关爱解除了我们的后顾之忧，在这样一个温暖和充满人情味的公司里，我们没有理由不努力工作。"

关心是企业发展的基石，爱心是企业壮大的纽带。正是由于倡导和实践关爱文化，中国石油天然气勘探开发公司的海外事业才发展得如此生机勃勃。

【案例7】精益眼镜：经济形势越是困难，越要关心员工

面对金融危机，精益眼镜有限公司总经理李文彩不埋怨、不退缩，而是结合企业的实际情况，不等不靠，努力寻找发展空间。"经济形势越是困难，越要关心员工，绝不能从员工身上打主意，减少他们的收入"。李文彩如是说。

为了使员工过一个幸福的春节，2008年年底，精益眼镜有限公司按原计划标准向员工发放了工资和奖金，同时规定员工节假日加班按3倍计酬，员工的情绪十分稳定。

2009年过完春节上班后，精益眼镜有限公司的全体员工就听到一个好消息，总经理李文彩向大伙儿郑重承诺：面对金融危机，公司不裁员、不降薪、不减少福利待遇，大家同舟共济渡过难关……这一承诺，让

全体“精益人”吃了一颗定心丸。

为了能让广大员工发挥当家做主的积极性，集思广益办好企业，2009 年，精益眼镜还开展了“金点子”活动，鼓励员工围绕公司的经营、管理、服务等各个方面提出自己的建议，而建议一旦被公司采用，将视不同情况分别给予奖励。漯河精益三店的员工提了一条关于提高服务水平的建议，公司采用后，对提建议的 3 名员工每人奖励了 100 元钱。

面对这些，精益眼镜一位老员工深有感触地说：“在外部大环境影响公司经营的情况下，公司紧紧依靠员工，与员工心贴在一起，劲用在一起，就没有克服不了的困难。人心都是肉长的，企业如此关心员工，谁能不好好干呢？”

在经营面临困境的时候，企业更应该逆流而上，在企业内部创造温馨和谐、团结共进的环境，让员工可以勇敢面对外面的“寒冬”。

“企”由“人”和“止”组成

企业的“企”字是由“人”字和“止”字组合而成的。也就是说，没有人就没有企业，没有人企业也就终止了，不存在了。由此看来，人在企业中的地位和作用是何等重要。所以，人是企业的立足生存之本，人是企业持续发展之本。企业确立以人为本的理念也就在情理之中了，爱员工也就成为每个企业发展的根本要求，是企业大事中的重中之重。

在一些企业，管理者一味强调客户满意度，而很少过问员工满意度。其实，员工满意度与客户满意度同样重要。员工满意度高，为客户提供满意的服务才有可能。如果员工老是处于一种不满意的情绪之中，就会跟企业大吵大闹或者跟客户大吵大闹，最后的结果，要么是员工走人、人才流失，要么是客户抱怨企业服务态度不好，用脚投票。专家指出，没有满意的员工就没有满意的客户。试想，一肚子怨气或满腹苦水的员工，能为客户提供满意的服务吗？如果企业既能够关爱“客户”，又能够关爱“员工”，那么市场就会对企业倍加关爱。“客户”是企业的外部客户，“员工”是企业的内部客户，只有兼顾内外，不顾此失彼，企业才能获得最终的成功。

而企业对员工的爱是提高员工满意度的前提和基础。所以，企业爱员工要真心真意地去爱，实实在在地去爱，做到爱之有道、爱之有情、爱之有方。各级管理者都要关心和关爱自己的员工，而且要从一件件实事做起，从物质基础上实实在在地去爱，从根本上去爱。实际上，企业爱员工，说白了就是要使每一个员工有事做，有饭吃。所谓“有事做”，就是要把企业做强做大，不断有所发展，能够给员工提供相对稳定的工作岗位，而且是尽量适合每个员工能力的岗位，这叫人尽其才、才尽其用；所谓“有饭吃”，就是要让员工的付出得到应有的回报，员工有了相对稳定的工作和收入，就能和家人一起过上比较安稳的日子。

【案例8】不可低估生日礼物的力量

一家公司鼓励员工长期服务，因此每当有员工入职5周年的时候，会送上一个花篮“示爱”。这个“仪式”通常这样举行：人力资源部职务最低的小姑娘，拿着一个花篮走过去，嘻嘻哈哈地跟其他人打着招呼，放到那个员工的办公桌上。如果那个员工在，就说一句“满5年的礼物”之类的话；如果那个员工不在，就直接放到他的办公桌上。

同样，这家公司还给员工送生日礼物。以前也是人力资源部职务最低的那位小姑娘给送，但现在员工越来越多了，人力资源部忙不过来，过生日的员工需要自己到人力资源部去说：“今天我过生日，来领一份礼物。”

服务满5年的员工不会很多，正因为不会很多，这家公司才觉得有发表“爱情宣言”的必要。如果觉得留住老员工很重要，这家公司的总经理或者人力资源部经理就应该亲自出面，最好两个人一起，可以亲自拿着花篮，而且叫上服务满 5 年的员工的直接主管，一起走到员工的办公桌前说些很正式的鼓励的话，比如“我代表公司，感谢你 5 年来对公司的贡献”；或者说些很具体的赞扬的话，比如“你最近半年的销售业绩增加了 34%，很不错，继续努力”；或者说些很随和的关心的话，比如“你家住在哪里，上班远不远，要花多长时间”；或者说些愿意很真诚地倾听的话，比如“你对公司最新开展的那个项目有什么建议”……

爱就要实实在在。管理者对员工的爱不能流于形式，否则就变成了空洞的爱。管理者要向员工传递这样的信息：企业在意他们所做的事、所说的话，认为他们都聪慧无比，值得信任。

【案例 9】江苏油田安徽采油厂：视员工为亲人

对于地处偏远的江苏油田安徽采油厂的员工来说，爱是一种情愫，是一种组织的关怀，是一种洋溢着和谐大家庭氛围的美好感觉。

某年春节前，已故员工老李的遗属费某手捧江苏油田安徽采油厂派人送来的慰问金及年货，感动得热泪盈眶，因为就在几个月前，费某考上大学的女儿刚刚得到厂里给予的助学金。看着厂里送来的 7300 元救助金和生活物资，费某久久不能平静，她回忆着自丈夫去世后，厂里一次次派人将累计 3 万元救助金送上门的情景。

由于种种原因，江苏油田安徽采油厂的单亲家庭占员工家庭总数的

40%左右，而且这些家庭居住偏远分散，经济状况也不理想。为了帮助这些单亲家庭，厂里发动全体员工献爱心，一次次帮助最需要温暖的人。

在江苏油田安徽采油厂张铺井组不大的值班室里，空调、液化气灶、自来水等一应俱全。现在厂里的井站值班点全是这样，空调普及率达到100%。采油三队很长一段时间喝的都是地下井水，不太卫生，厂里就主动与地方协商，为他们接通了自来水。

视员工为亲人，这是江苏油田安徽采油厂始终坚持的宗旨。如今，厂里所有的井站值班点全部进行了改扩建，增加了硬件设施；怀孕3个月以上的采油女工，再也不用上夜班了；工作场所与居住地相隔较远的女工，因为厂里实行两班倒，每个月可以用一半时间照顾家庭。

江苏油田安徽采油厂关爱员工及其家庭的行动，温暖、感染并带动了全体员工，让他们满怀激情地投入到工作中去。

视员工为亲人，帮助员工解决困难，比空洞地说爱要有力量得多。

【案例10】新田置业：不仅要爱员工，也要爱员工的家人

2006年，在中央电视台与《河南商报》联合举办的年度雇主评选活动中，新田置业获得了“最佳雇主”的荣誉称号。

在新田置业的企业文化中，“以人为本”是最重要的一个部分。2006年夏末秋初，新田置业组织全体员工的父母赴青岛、日照5日游。活动从筹备到圆满结束，得到了新田置业高层领导的高度重视。参与活动的

职工父母们在旅途中享受到了新田置业组织者细致入微的照顾，亲身感知了一个真正的人性化企业的魅力。“一定要加倍努力工作，这么好的企业，这么好的老板，一定要珍惜。”回来后，有很多父母这样嘱咐自己的孩子。

爱就要实实在在，不仅要爱员工，也要爱员工的家人。

第二章
动之以情:营造家庭式团结

员工是企业最重要的资产,管理者应该视员工为家人。关爱员工,服务员工,管理者不仅要树立服务意识,提高员工满意度,而且要与员工进行有效沟通,信任员工,真诚地对待员工,以微笑面对员工。

让企业成为一个大家庭

有家的感觉，才能让心灵有所依托。员工可能赚钱不多，可能终身都在别人的支配下工作，但是员工不能没有家。如果企业像一个大家庭，员工绝对不会轻易地离开。

日本丰田公司通常只招收刚毕业的大学生，并终生雇佣。员工视丰田公司为大家庭，终生忠诚奉献；丰田公司则视员工为子女，永远照顾。

“让员工有家的感觉”是摩托罗拉公司能够吸引人才和留住人才的一个重要原因。正是因为摩托罗拉关爱员工，员工也以同样的方式回报它。

日本索尼公司总裁盛田昭夫谆谆教诲新加入公司的员工：“索尼是个亲密无间的大家庭，每个家庭成员的幸福全靠自己的双手来创造。在这种崭新的生活开始之际，我想对大家提出一个希望：当你的生命结束的时候，你们不会因为在索尼度过的时光而感到遗憾。”

索尼的确像一个大家庭，不仅仅因为索尼基本上实行终生雇佣制，绝大多数员工都要在索尼度过一生，还因为索尼的管理层没有视员工为外人，而是把他们视为索尼这个大家庭的成员。索尼的任何一位管理人员都没有自己的个人办公室，他们和员工在一起办公，并共用办公用品和设备。索尼强调家庭式的责任感和协作精神，以此激发员工的工作主动性和积极性，激发他们参与管理的热情。

索尼的大家庭文化还表现在对员工的关心和对不小心犯过错误的员工的包容上。索尼从来不会因为某个员工的偶然过失而解雇他，而是给他一个改错的机会。索尼认为，最重要的不是把错误归罪于某个员工，而是找出错误的原因并纠正错误。

员工是企业这个大家庭中最重要的资产，管理者应该视员工为家人。

首先，管理者应该拥有取悦员工的心态。如果你拥有取悦员工的心态，自然会对员工始终如一地保持良好的礼貌习惯，会想着向员工伸出援助之手。你可以对某位员工说："早点回家，我知道今天是你儿子的生日，我很乐意能帮你值班。"你也可以对另外一名员工说："我知道你今天想去参加篮球比赛，我可以帮你处理这件事情，你先走吧！"

其次，管理者要与员工建立个性化的人际关系。在与员工交往的时候，你一定要把对方当做真正的人，与他们结成私人关系，这是至关重要的。如果你不能与员工建立个性化的工作关系，就无法进行有效的沟通；而没有有效的沟通，企业将如同一潭死水。建立个性化的人际关系意味着你必须知道对员工来说最重要的事是什么，以及他们的感受如何，并找到一种独特的方式去关心他们。

再次，管理者要保持谦逊。一些妄自尊大、以自我为中心的管理者，不停地要求自己的员工干这干那，却从来不花时间对员工的辛勤工作表示认可。在这种严苛的管理下，对于员工来说，工作仅仅是工作，而不是职业，他们不可能对企业忠诚。谦逊意味着你不抢本该属于员工的荣耀，而是站在员工的身后支持他们；谦逊意味着你不让自己成为企业瞩目的焦点，而是让员工在镜头前闪烁发光；谦逊意味着无论你职位有多高，都应该处处先为员工着想；谦逊意味着你有一种团结友爱的精神和一种先人后己的意识。

当管理者知道如何取悦员工、与员工建立个性化的人际关系并保持谦逊时，就会与员工成为彼此之间真心喜欢、相互依存的朋友，就会吸引到优秀的员工。同时，由于员工心里感到舒服，便会对工作竭尽所能，为企业创造财富。

【案例 1】海丰公司：建立关爱员工机制

“为身患癌症、心脏病急需做手术的退休员工郑经发送上 1 万元的帮困金，为患胃癌的困难员工马正芹送上 5000 元帮困金……”在海丰公司困难员工帮扶工作专项会议上，公司领导班子召集有关部门，对 8 位困难员工的帮扶方式、在市郊农场居住的退休员工管理方式等问题一一“挂号”，并以“多方会诊”的方式，“号脉开方”，真正把关爱员工、服务员工工作落到了实处。

海丰公司提出，要形成“社会和谐人人有责，和谐社会人人共享”的局面，就必须将员工视为企业最宝贵的财富，建立关爱员工机制，促使关爱行动制度化、规范化、长效化，使企业改革和发展的成果不断惠及每一位员工。

海丰公司建立了以下 5 种关爱员工机制：

一是建立全覆盖的特困员工生活保障机制。海丰公司根据财力状况，制定并实施特困员工每月定期发放补贴办法，对职工医院实行资金补贴，全面实行药品平价销售，保证所有员工家庭生活水平高于当地居民最低生活保障标准，保证所有员工子女都能上得起学，保证所有员工都能看得起病。

二是建立便捷式的员工需求满足机制。海丰公司按照实用、实际、实效的原则，整合社区受理中心、文化活动中心等现有场地资源，以及法律服务所、劳动服务所、计划生育等部门的人力资源和服务资源，建成海丰综合事务受理中心，实行大厅式、窗口化办公，为广大员工提供综合性、亲情化服务。同时，公布热线电话，及时受理广大员工的求助，帮助他们解决实际问题。

三是建立多渠道的关爱员工资金筹措机制。海丰公司通过“民政救助申请、公司行政拨款、工会补助”的办法，筹措关爱员工资金，努力营造“懂人心、暖人心、稳人心、聚人心”的亲和氛围，密切关注员工的困难、利益和需求，依法保护员工的切身利益。

四是建立经常化的员工慰问帮扶机制。海丰公司实行困难员工帮扶工作“月会诊”制度，各级管理者定期到基层调研，对员工提出的实际困难和问题，必须及时“挂号”，并组织“会诊”，尽可能在最短的时间内“号脉开方”，对员工的难题桩桩件件用心解，对员工的冷暖时时刻刻挂心头。不仅如此，海丰公司还对困难员工个人基本情况进行登记造册，按照具体情况进行分类，定期进行跟踪反馈，实时更新信息库，掌握最新动态，做到帮困对象明确，帮困工作有的放矢。在建档立卡的基础上，海丰公司坚持用“三必访三必探三必贺”（员工家中出现矛盾、员工思想有情绪、员工工作较落后必访；员工有病住院、员工直系亲属去世、员工家庭遭遇较大困难必探；员工结婚、员工生小孩、员工子女上大学、入伍必贺）凝聚人心，稳定队伍。同时，海丰公司还按照“属人、属事、属地”的原则设立离退休管理委员会，为离退休人员提供服务，方便其办理各项相关事项，并将每年重阳节、元旦、春节走访慰问离退休员工等以文件的形式固定下来。

五是建立持久性的员工工作积极性发挥机制。海丰公司积极创新理念，把提高员工素质、提供履责平台作为关怀员工的重要举措，以实际的关爱，激发员工潜力，进一步增强企业凝聚力，促进企业持续健康发展。

启示

企业应该主动关爱员工，建立关爱员工机制，促使关爱行动制度化、规范化、长效化，使企业的发展成果不断惠及每一位员工，让员工感觉到企业是一个大家庭。

【案例2】上海海欣玩具有限公司：搭建员工关爱平台

上海海欣玩具有限公司是海欣集团的下属公司，主要从事长毛绒玩具及居家饰品的研发和生产经营，现有员工250余人。公司在3年前拿到一个300万件产品的订单后，生产压力较大。为了顺利完成生产任务，并保障员工的合法权益不受侵害，公司积极搭建起员工关爱平台。

在广泛征求员工意见后，上海海欣玩具有限公司与员工就待遇、技能培训等问题进行了沟通。

经过协商，公司将员工的工资和福利待遇都作了相应提高，调整幅度均超过5%，并为员工提供免费的加班餐。此外，公司还投入10万元更新安装洗浴设备，为员工生活提供方便。于是，公司员工的工作热情更加高涨，原先需要 1 个星期完成的生产任务 5 天就可以完成。

针对生产任务重、质量要求高的实际情况，公司还注重提高员工的业务知识和操作技能。公司在生产中抓培训，以培训促生产，分别对管理、生产、质检和销售人员进行了针对性的专业培训。通过各部门员工的协作努力，产品的合格率由之前的 95％上提升到 100％。

通过全体员工的努力，公司的 300 万件产品已全部交货，经检测件件合格，受到客户的好评。面对国际金融危机对玩具产业的冲击，公司领导班子表示："只要企业和员工劲往一处使，就没有克服不了的困难。"

上海海欣玩具有限公司通过搭建员工关爱平台，充分保障员工权益，既激发了员工的工作热情，也推动了企业的健康发展。

【案例 3】格力电器：关爱员工的健康

格力电器现有员工 40000 多人，80％的基层员工来自全国各地。在当下一些企业"狼文化"大行其道，员工体力被严重透支、身心俱疲，格力电器则认为，员工是企业立根之本，只有以心换心、关爱员工，让员工充分享受被尊重、认可和归属感，员工才会和企业形成"一损俱损、一荣俱荣"的利益价值链条，保障企业的长盛不衰。

现在很多人流行称"工作"为"打工"。而在格力电器，员工从来不被视为打工者，而是格力大家庭的一员。早在 20 世纪 90 年代，格力电器就为员工上了养老、医疗、失业、工伤、生育等全保。除此之外，格力电器还提供各种福利——免费就餐、班车、住房补贴、独生子女补贴、保健费、清凉补助等。在高速发展的同时,格力电器也着力让员工分享发展的成果,近年来员工人均年工资收入保持约 9.5%的增长率,2007 年一线工人人均年工资收入 26 000 元。

2005 年,格力电器投资 2 亿元建设康乐园,为员工提供福利性的单身宿舍、家庭过渡房和亲属探亲过渡房,每个宿舍都配有空调、饮水机、电视机等家用电器,园区内还设有足球场、篮球场、羽毛球场、图书馆、游泳池、电影院等员工娱乐活动中心和商场、银行等生活配套设施。

格力电器认为,工作不只是为员工提供一个谋生的岗位,更重要的是培养他们自觉的学习能力和进取精神,让他们成为对企业和对社会有用的人才。为此,格力电器不仅在各个分厂设有培训基地,在总部还建有专门的培训中心,为员工进行文化知识和专业技能培训。走进格力电器的培训中心,你会发现每个培训室里都在举办针对不同受众的形形色色的讲座,如质量控制、技术工艺、安全生产甚至文学写作等,不一而足。

员工的思想政治教育在格力电器也是一道亮丽的风景线,在有效的培训机制和长期优秀的企业文化浸淫下,员工个人才智得到长足提升,行为规范得到优化,工作激情和积极性被充分激发。

格力电器每年都对员工进行健康体检,做到"小病早除,大病早治",防患于未然。

有一名生产一线女工,进厂不到 3 个月,在体检时被发现罹患晚期癌症。该女工以为格力电器会解雇她,但让她感到意外的是,格力电器不仅没有解雇她,还号召广大员工为她募捐,并花费 20 多万元为她治疗。后来,该女工终因病重不治去世,弥留之际,她在日记中写道:"我走过很多地方,只有在格力是我最快乐的时光,我感受到比亲人还亲切的温暖。"

刘某，一位来自贫困山区的小伙子，从技校毕业来到格力电器工作不久，就被医院确诊患上了白血病。在巨额的医疗费用和残酷的现实面前，刘某选择了放弃。格力电器得知情况后，立即安排刘某前往广州华侨医院接受治疗，并鼓励他鼓起勇气与病魔搏斗。期间，格力电器还派人专程把刘某的父亲从老家接到广州照顾他。刘某的医疗费用高达 70 万元，这对他原本就贫困的家庭是一个无法想象的天文数字。格力电器及广大员工的一次次无私捐助，帮助刘某和他的家庭渡过了一个又一个难关。除去医疗保险报销的 20 多万元，格力电器及广大员工先后共捐款 40 多万元。虽然风华正茂的刘某最终被无情的病魔夺走了年轻的生命，但他在有限的生命里，却感受到了人间的温暖，感受到了格力人的真情。

注塑分厂模具管理员颜某患肺癌晚期住院期间，格力电器同样伸出了援助之手，不仅第一时间为其办理相关保险申报事宜，积极联系珠海市总工会给颜某发放医疗补助，而且组织员工捐款 5 万多元。为了让同在一个单位的妻子能安心照顾颜某，格力电器特批她带薪休长假，并承担陪护费。2007 年 8 月初，颜某在一个化疗疗程结束后回到租住的家中休养，格力电器得知其租住的房间小、设施不全且环境相对较差，主动安排环境较好的过渡房让其居住。2007 年中秋节和 2008 年春节，不少公司领导都自发地到过渡房看望他，进一步为他鼓劲加油。医院专家确诊颜某只有 2 个月生命，但在公司、同事的关心和帮助下，他的生命却奇迹般延长了1 年。

只有善待员工，员工才会尽心尽力地为企业服务，以极大的工作热

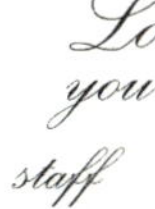

情保障产品和服务的质量。

【案例 4】久盛公司：凝聚每份爱

浙江久盛地板有限公司之所以能保持稳健的发展势头，基于其“以人为本，打造温暖、快乐、健康、和谐的工作环境”企业理念的合理运用。

久盛公司不仅维护员工合法权益，办理各类保险，提供免费劳保用品、工作服和体检，而且每个节日还发放各类福利用品。

久盛公司关心员工的业余生活，设有篮球场、工会综合活动室，配有有线电视、乒乓球室、阅览室、棋牌桌，供员工娱乐休闲。每年春节，久盛地板还会为员工开通“亲情免费电话”，为无法回家过年的员工架设与家人沟通的温暖桥梁。

久盛公司不仅重视员工队伍素质提升，新进员工必须进行 3 天的岗位专业培训后方可上岗，而且定期邀请国内地板行业知名专家来公司讲课指导，经常组织技术人员赴各科研单位学习深造。

2008 年，在业内外遭遇金融危机之际，久盛公司员工的工资不降反升，并按时发放，还招收了新员工。

2009 年春节前，久盛公司举行了以“奋进久盛”为主题的新春团拜会，全体员工欢聚一堂，举杯共庆企业的发展。团拜会上，公司领导宣读了 2008 年度优秀员工名单和获得“1＋1”互助基金人员的名单。随后，“奋斗久盛——2009 春节联欢晚会”在员工大合唱《凝聚每份爱》中拉开序幕，宏亮的歌声全面展示了久盛公司团结友爱、奋发向上的企业精神面貌。

高胜是一名从普通员工走向技术骨干的农民工，他感激地说：“久盛公司不仅仅是一个温馨的家，更是一个提高技能的工作场所。在这里，从公司领导到员工，每个人都是兄弟姐妹式的关系。我要加倍努力工作，报答企业对我的关心。"高胜的心声，是久盛公司全体员工的共同心声。

企业是社会的，管理者与员工是平等的，只有尊重和关心每一位员工，为员工创造了一个温暖、快乐、健康、和谐的工作环境，企业才有活力，才能健康发展。

企业可以创造"家庭式团结"

"一边歧视和贬低你的员工，一边又期待他们去关心产量和不断提高产品质量，无异于白日做梦！每个员工都需要企业给予他们关爱，从企业的温暖中提升自我的满意度。创造关爱的企业氛围，给予员工良好的工作环境，给予员工足够的工作支持，员工才会安心工作。相反，如果企业内部缺少沟通、诚信与关爱的工作氛围，那么提高员工的工作热情、发挥员工的潜在能力就成了一句空话。"著名管理学家托马斯·彼得斯如是说。

如果管理者视自己为"救世主"，把对员工的聘用视为一种施舍和恩赐，一点关爱员工的心思都没有，就会导致很多员工在企业里混上几年，度过理论知识与实践工作的磨合期后走人。要留住真正的杰出人才，仅凭钱是不够的，关键在于"情"、"义"二字，要用情来打动他们。

关爱员工，管理者应该从细节做起。现代情绪心理学研究表明，情绪、情感在人的心理活动中起着组织作用，它支配着个体的思想和行为。管理者和员工之间的情感交流是相互的，当管理者从细微之处关爱员工，以真挚的情感对待、打动员工，而不是把员工当做没有感情需求的机器时，员工才会以真情回报，担负起做好工作的责任。

管理者应该在员工情绪低落时关爱员工。只有敏锐地掌握员工心理的微妙变化，适时地说出契合当时情境的话或采取适当的行动，才能抓住他们的心。当员工情绪非常低落时，也是最容易抓住他们的心的时候。

以下列举的是员工情绪低落的几个特定时期，管理者若在此时多给予员工关爱，必能感动员工，激励员工为企业全心全意效力。

员工生病时：当身体不适时，员工的心理总是特别脆弱。

工作不顺心时：因工作失误或工作无法按照计划进行而彷徨无助时，员工对来自管理者的安慰或鼓舞的需要比平常更加强烈。

发生人事变动时：刚刚调来的员工，通常都交织着期待与不安的心情，这时管理者应该帮助他们早日消除消极情绪。另外，由于工作岗位构成人员的改变，员工之间的关系通常也会产生微妙的变化，这时员工也需要及时的关爱。

家庭出现问题时：比如经济方面的问题——家庭经济紧张，或收入突然减少，或一下子要支付一笔很大的开支而影响了家庭的正常生活；子女方面的问题——子女上不了好的学校、成绩差、落榜、失业或闯祸违法等；亲友方面的问题——对双方父母或照顾不周，或他们觉得厚此薄彼而产生了不满，或有亲人、朋友去世等；夫妻之间的问题以及突发事件等。

管理者应该从点点滴滴的细微小事中关怀员工的成长和发展，把关爱落到实处，真正为员工扶危解困。例如，记住员工的名字，记住员工的生日，并在他生日那天向他表示祝贺等。

管理者应该尽可能地缓解员工的工作压力。比如，为员工提供带薪休假、医疗保险、养老保险、失业保障等，为员工解除后顾之忧。

关爱员工，不仅能够提高员工满意度，同时也能提供给员工发挥潜能的工作环境。实际上，爱员工，企业才会为员工所爱；采取“爱心管理”的办法，就可以创造出“家庭式团结”的神话。

【案例5】丰田：活动暖人心

为了促进人与人之间关系的和谐，丰田公司大力提倡社团活动。丰田公司对社团活动所寄予的另一个莫大期望，就是提高员工的素质。因为不管社团的规模是大是小，要组织好活动就需要计划能力、宣传能力、管理能力、组织能力等。另外，丰田公司的活动也有很多种，综合运动大会、长距离接力赛、游泳大会等，每月总要举行某种活动。在这些活动中，董事长、总经理等高层管理者只要时间允许都会参加，与员工一起联欢。所有这一切，都在不知不觉中提高了员工的素质，增进了员工对企业以及管理者的感情。

丰田公司还设有自己的“全天候型”体育中心，有田径运动场、体育馆、橄榄球场、足球场、网球场等。丰田公司积极号召员工参加各种活动，使员工在活动中寻求自己的另一种快乐。这样既丰富了员工的生活，强健了员工的体魄，同时也培养了员工勇于奋斗的竞争精神，其根本目的就是为了大力促进生产。

关爱员工的企业最能鼓舞员工的士气，而伟大的企业有更高的要

求，即把工作变成快乐。丰田公司是当今世界上最伟大的汽车生产企业之一，它开展的各种活动也把员工的培养寄寓其中。

【案例 6】杜克：制造令员工感到兴奋的事情

要提高工作效率，管理者就得激发员工的积极情绪，并使这种情绪维持下去。那么，管理者怎样才能做到这一点呢？有一种方法，那就是经常制造一些令人兴奋的事情。

美国的凯姆朗公司是一家为住宅的草坪施肥、喷药的企业。一次，凯姆朗公司的总裁杜克提出购买莱尼湖畔的废船坞，把它改建为员工的免费度假村。凯姆朗公司的高级财务管理人员费了九牛二虎之力，才说服杜克放弃了这项超过企业财力的计划。但是，杜克对员工的关心是出于内心的感情，而不是装腔作势或沽名钓誉。不久，他又想在佛罗里达的沙滩上修建员工免费度假村，但这项计划的开支也大大超过了企业财力，高级财务管理人员不得不再次劝阻他。杜克并不是不知道凯姆朗公司的实力，他明白这项计划的结果将会是什么，但为了让那些辛勤劳动的员工们能过上快乐的生活，他决定抛开这一切。

后来，杜克不仅瞒着凯姆朗公司的高级财务管理人员买下了一条豪华游轮让员工免费度假，还包租了一架大型客机让员工去华盛顿旅游。这一切耗费了凯姆朗公司的大量资金，但杜克对此却满不在乎，他的心中只有自己的员工。

正是杜克这种强调“爱的精神”的管理理念和经营模式，使凯姆朗公司的发展取得了意想不到的效果。现在，凯姆朗公司已拥有上万名员工，年营业额高达数亿美元。

杜克做的事情让外人看起来觉得不可思议，更别说凯姆朗公司的高级财务管理人员当时受到的震惊了。“非常人行非常事”，认识到员工的重要性，杜克才是真正的聪明人。

【案例 7】李国建和陈雅娣：把爱注进员工的心里

有这样一对夫妻，不顾年事已高，还在精心打理自己企业的大小事务。企业在发展，一年一个样，可员工几乎年年还是老面孔，因为这对老夫妻把爱注进了员工的心里，员工留下来了。在企业里，他们被员工亲切地称为一对“和蔼老人”。这对“和蔼老人”，就是宁波晨星宠物用品有限公司的经营者李国建和陈雅娣夫妻俩。

“如果我还留在余姚打工，我就要一直在我们晨星宠物用品公司做下去，不会去别的地方打工。”这是来自江西九江的小伙子余小民的心里话。余小民是车间的仓库保管员，你别看他瘦瘦的个子，还戴一副深度的近视眼镜，可干起工作来却身手麻利，该今日干的工作绝不会拖到第二天去做。因为工作出色，他深受李国建和陈雅娣夫妻的喜爱。

余小民是一个很有上进心的青年，他在辛勤工作之余还不忘学习，读书看报是他最大的一个业余爱好。他在公司外面租了一间房子，又花去 2 个月的工资从别人那儿买来一台旧的笔记本电脑，他觉得用电脑写稿子、做笔记和上网查找资料对自己学习有很大的帮助。可是，某天他从工厂下班回到出租房，却发现自己的那台笔记本电脑竟然被人偷走了。这对余小民来说是个沉重的打击，虽说笔记本电脑是旧的，可毕竟花去了自己2个月辛勤工作赚来的钱。他不想让自己的学习因为笔记本电脑被偷而中断，很想再买一台旧电脑，可一时又拿不出钱来。再说，他又担心如果等自己凑足钱再买来一台电脑，放在出租屋里还会招来第二次偷盗。

那几天，对于余小民来说是段灰色的日子，他寝食不安，到厂里上班也是拖拖拉拉的，当天的工作不能当天完成。后来，这件事传到李国建和陈雅娣夫妻俩的耳朵里。一天，陈雅娣找到余小民，说："虽然厂里没有员工住的宿舍，但我会从食堂里腾出一间房子给你，你搬到厂里来住吧，在厂里住比在外面租来的房子里住安全。"余小民搬到厂里来住后，李国建从公司的办公电脑中挪出一台装在余小民的房间里，供他晚间学习用。

李国建虽然身为公司总经理，却没有一点老总的架子，他衣着朴素，态度和蔼，在厂里见了谁都是一副笑眯眯的样子，员工都以"李师傅"来称呼他。

有一个安徽籍的老王，是车间里的勤杂工。有一次，他患上了严重的眼疾，需要停工去医院治疗，等他2个月后医治好眼病，正赶上春节回老家的时候。因为治病，老王花去了打工积攒的钱，又有2个月没来上班，已无工资可领。于是他找到公司财务人员，要求先支些钱回老家过春节，可财会人员不同意，说如果你老王过完春节不来上班，那公司财务账面不就亏空了吗？老王一时无话可说，只好失望地往回走，这时李国建悄悄从后面跟了上来，一边塞给他300元钱，一边说："这是我私人的钱，你先拿着，好作路费回家过个年。"原来李国建刚好去财务室办事，从财会人员那儿得知情况后，就毫不犹豫地掏出自己身上的钱交给了老王。老王当时一激动，眼泪便抑制不住地流了出来。那年春节刚过，老王很快便从安徽的老家返回厂里上班来了，他说自己是被李国建的诚心待人感动了。

这对“和谐老人”，不仅有着普通人一样朴素的外表和温和的面孔，可在他们身上，还有私营企业家高超的经营之道和管理智慧。晨星宠物用品公司的前身本是余姚标准皮尺厂，主要生产玻璃纤维带卷尺、麻带卷尺、量衣尺、钢卷尺以及各种礼品小卷尺。后来，凭着敏锐的市场头脑和夫妻俩多年的苦心经营，现在晨星宠物用品公司又多出了一块产品——自动伸缩狗链、狗颈链、狗碗、玩具等宠物用品，产品远销欧洲、南美洲、北美洲、中东及非洲地区，年销售额已是原来生产皮尺的几十倍。

晨星宠物用品公司现有员工近 200 名，其中 80% 是外来务工人员。正因为外来务工人员已经成为生产的主力军，李国建和陈雅娣两位老人更懂得用“家”的理念来营造外来务工人员的归属感，让他们在自己的企业里感受到家一样的温馨。逢年过节，两位老人都会亲手向员工奉上节日礼品和年终福利，还给外来务工人员每月 50 元钱的房租补贴。晨星宠物用品公司虽然有严明的工作制度，但两位老人考虑到外来务工人员多是拖儿带女来打工的，为了让他们在厂里安心工作，破例让一些外来务工人员把没人照管的小孩带到厂里，集中安排在休憩区玩耍，还安排门卫人员照看。因而，常常是当生产区孩子们的爸爸或妈妈在安心地埋头工作时，一边的休憩区里是孩子们跑来跑去的欢快身影。汶川大地震后，晨星宠物用品公司又有两名家中受灾的四川籍员工把家中的小孩接过来了，因一时无人看管，大人又要到厂里上班，只好把小孩也背到厂里来。陈雅娣很理解他们的处境，从来不埋怨他们把小孩带到厂里来。

作为一家私人企业的“老板娘”，陈雅娣没有一般人眼中的那种傲慢，她经常到车间里去与员工面对面地唠家常，有时还和他们坐在一起手拉着手交谈。她那慈祥的面孔和温和的态度，让大家觉得是在和一个上了岁数的老人说话，而根本不在乎她的“老板娘”身份。

2008年，两位老人除了及时组织员工向四川地震灾区人民捐款外，还以自己的名义拿出了5000元捐给了灾区。对外如此，对自己企业里的员工更是如此。端午节的前一天，陈雅娣还叫上公司里的司机开着小车送她去宁波妇儿医院，看望一名外地员工患病的小孩。

这两位老人深知，员工是企业的重要财富，他们留下来了，企业也就有了发展的希望。陈雅娣是宁波市女企业家协会的会员，她在向其他的女企业家介绍自己的管理之道时，说了一句很朴实的话："人都是将心比心的，你对员工好，员工也会知恩图报，他们也一定会在你的企业里长久地工作下去。"

两位老人朴素的行动，把整个企业变成了一个大家庭。像对待自己的儿女一样对待员工，带来的自然是丰厚的回报。

信任员工

美国《财富》杂志从1000多家大中型公司中挑选了266家公司，并对这些公司的约2.7万名雇员进行调查，从中评选出了最受上班族欢迎的100家公司。其调查结果显示，这100家公司之所以受上班族欢迎，很重要的一个因素，就是管理者与员工互相信任。

一般情况下，员工受到管理者的信任时，会产生快乐和满足的感觉。一个真正信任员工的管理者，一定也会得到员工同样的信任。毕竟，人是有感情的动物，几乎每个人都有“投桃报李”和“以心换心”的想法。

在建立互信的过程中，一方面管理者要淡化自己，由台前转向幕后；另一方面管理者不仅要让员工去做本该自己做的事，还要给员工提供成长空间。这个空间，是员工得以充分展现自己才华的空间，是独立负责完成某项工作的空间，是自我价值得以实现的空间。

信任是一种催化剂、助推器，员工一旦被信任，会有一种强烈的责任感和自信心，而这种责任感和自信心一旦爆发，他们工作起来就可以达到忘我的程度。明智的管理者，总是选择恰当的方式来表达对员工的信任。

表达对员工的信任，没有必要非得用甜美的语言，只要告诉员工你信任他就足够了。但是，对某些管理者来说这很困难，尤其是那些不善于表达自己情感的管理者。但无论怎样，你都需要这样做，事后会证明，你迈出这艰难的一步是非常值得的。

另一种方法就是让员工去承担某项重要工作任务，这样你对他的信任就不言自明了，这些接受了重要工作任务的员工会感到非常兴奋与自信，因为他们知道，你只对自己信任的员工才会赋予这些重要的工作任务。

【案例8】松下幸之助：充分信任下属

“经营之神”松下幸之助曾说：“用他就要信任他，不信任他就不要用他，这样才能让下属全力以赴。”实际上，由于松下幸之助十分信任下属，所以其下属能充分发挥潜能而使自己如虎添翼。

松下幸之助独立经营松下电器不久，即获得各界好评，这固然是因为其产品十分精良。一般人对于制造方法，绝不轻易告知亲戚朋友，至于外人，更不得窥其全貌。然而，松下幸之助却与众不同，只要是其下属员，不分亲疏，他莫不倾囊相授。

“这么重要的机密不应随便传授，否则容易被人仿造。”曾经有人忠告松下幸之助。

“我们必然是因为相信下属，方才决定录用他。像我这样传授他们一点诀窍，有什么不妥而值得担心的呢？如果不肯对下属坦诚相待，对事业发展将十分不利。”松下幸之助毫不在乎地说。

实际上，信任是促使松下幸之助的事业迅速发展壮大的主要原因。就松下幸之助的经验而言，吃里扒外的人固然有，但这并不影响他的用人，因此其事业蒸蒸日上。他认为，唯有充分信任下属，才能令他们毫无保留地发挥自己的潜能。

启示

士为知己者死。管理者如果信任员工，员工自然会努力工作，有时即便是要赴汤蹈火，也会在所不辞。

【案例9】信任：说到更要做到

小王刚做完一项业务回到公司，就被销售经理刘阳叫到了他的办公室。

“小王，今天业务做得顺利吗？”

“非常顺利，刘经理。”小王兴奋地说，“我花了很长时间向客户解释公司产品的性能，让他们了解到公司的产品是最合适他们使用的，并且在别的公司也拿不到这么合理的价钱，因此很顺利地就把公司的产品推销出去100套。”

“不错，”刘阳说，“但是，你完全了解客户的情况吗？客户会不会出现反复的情况？你知道我们部门的业绩与推销出的产品数量密切相关，如果他们把货退回来，对于我们的士气打击会很大，你对于客户的情况真的完全调查清楚了吗？”

“调查清楚了。”小王兴奋的表情消失了，取而代之的是失望的表情，

"我先在网上了解到他们的需求消息，又向朋友了解了他们公司的情况，然后才打电话到他们公司去联系的，而且我是通过你批准后才出去的呀!"

"别激动嘛！小王，"刘阳讪讪地说，"我只是出于对你的关心才多问几句的。"

"关心？你这是对我不放心。"平时文质彬彬的小王，这次再也受不了刘阳的不信任了。

很明显，作为管理者的刘阳并非像他自己所说的是关心员工，而是不信任员工。

信任是人和人之间建立关系的第一步。员工只有得到管理者的信任之后，才有可能把自己当做工作的主人。但是，并不是每一个管理者都懂得这个道理，或者说尽管懂得却做不到。

付出真诚,收获忠诚

忠诚是什么?不同的人有不同的回答。有人说:“忠诚就是对方无论怎样变化,你都和他荣辱与共,风雨同舟。”

管理者对员工的忠诚就是对员工工作、生活及未来真诚负责。如保护员工的就业稳定、给予合理的薪酬和福利、提供增长才干的机会、帮助和促进员工个人发展等。

一些管理者总是把忠诚看成是对员工单方面的要求,很少考虑自己对员工的责任以及员工对自己的期待,即自己也应该忠诚于自己的员工。管理者总认为给员工发了工资,所以就有权利要求员工忠诚;而员工领取工资就应该对自己忠诚,否则就是不道德。

其实,单纯的工资体现的并非是管理者对员工的忠诚,而是对员工劳动的报酬,员工出卖体力和脑力来换取报酬,这是公平合理的交换。管理者指望仅以报酬就赢得员工忠诚的想法是幼稚可笑的,至于采用强制的手段维系员工对自己的忠诚更是缘木求鱼。因为管理者有权命令员工每周工作 5 天,每天工作 8 小时,却不能命令员工忠诚于自己。忠诚纯粹是员工的心理感受和自觉自愿的行为，强制对它来说没有任何意义。当员工在内心深处感受到管理者对自己的工作、生活及未来真诚负责时，他才会将心比心，自觉自愿地忠诚于管理者。否则，忠诚便无从产生。

怎样才能让员工心甘情愿地为自己付出，并且毫无怨言？这是每一个管理者时刻在思考的问题，也是令每一个管理者最头痛的问题。

员工对企业的忠诚取决于什么？是工资吗？不是，工资可以让员工在自己的岗位上卖力工作，因为他想的是“多干点自己就可以多得点”，而不是用心去工作。卖力工作的缺点是，如果员工方向错了他仍然可以取得收入，他宁可错下去；用心工作的优点是，员工宁可自己损失也不让企业蒙受损失。用心工作靠什么？靠的是对企业的忠诚。

有人说，那就让员工既卖力又用心地工作。想法十分正确，但是达到要求却很难，因为只有员工忠诚于企业，他们才会既卖力又用心地工作。

那么，管理者应该怎样培养员工对企业的忠诚度呢？

中国是一个受儒家文化熏陶了几千年的历史大国，“受人滴水之恩，当以涌泉相报”已经成为中国人为人处事的标准。如果管理者想得到员工对企业的忠诚，就必须先对员工付出真诚。请注意一个事实：作为一个企业的管理者，尤其是高级管理者，你的一句话或者一个很小的动作，就可能让你的员工认为你在表达某种意思。也就是说，你的任何言行举止都代表着企业，都必须真诚，否则你就无法收获员工的忠诚。

员工对工作不满意时，多数会说这样一句话：“想要马儿跑，又想让马儿不吃草。”这是什么意思啊？他们是在借工资太少向管理者表示自己对现状不太满意。有时候的确是因为工资太少员工才这样说，而绝大多数情况则是管理者对员工关心不够。所以，管理者一定要真诚地关心员工，以赢得他们对企业的忠诚。

【案例 10】江苏远洋数据有限公司：特别的爱给特别的员工

10 多年前，王昆生因手部受重伤失去了工作，这时江苏远洋数据有限公司向他伸出了援手。10 多年来，靠着这份工作，王昆生撑起了家，如今他的儿子已经大学毕业，他的日子也越过越有希望。

在江苏远洋数据有限公司里，有近一半员工跟王昆生一样是残疾人，他们不仅享受和正常员工一样的薪资待遇，而且只要愿意学习，公司还会送他们去培训，让他们和时代一同进步。王昆生的岗位是程控液压切纸机操作员，因为他勤恳好学，公司让他参加过多次业务培训。

江苏远洋数据有限公司成立于 1990 年，经过近 20 年的发展，已发展成为一家综合实力较强的大型专业金融外包服务企业，常年为中国银行、中国建设银行等知名公司提供金融外包服务。为寻求更广阔的发展空间，公司投资 5 亿元在花桥国际商务城新建了远洋数据中心，建成后年营业额可达 30 亿元，将成为国内首家集呼叫中心、金融后台数据处理、银行卡中心数据处理等业务于一体的一站式金融外包综合服务企业。

10 多年前，为了体现社会责任感，江苏远洋数据有限公司就自发地提供一些岗位给残疾人。成为福利企业后，公司又大量吸纳当地残疾人就业。随着发展壮大，公司承担的社会责任也在增加。如今，仅张浦厂区就有 80 多名残疾员工，比例高达 50%。

对待残疾员工，公司一视同仁。除了平等的薪资待遇之外，还给予他们平等的培训与晋升机会。经过培训，部分优秀残疾员工还走上了管理岗位。逢年过节，公司总经理及其夫人都会专程上门探望一些伤残较重的员工，给予他们关怀与鼓励。

在2008年经济形势不好的情况下，公司没有一名残疾人被辞退。而根据政策，政府也减免了一定的税款。公司更是在当地赢得了公众的普遍认可。

启示

企业发展不光要追求经济效益，赢得一个好的名声也很重要。企业真诚地关爱员工，尤其是关爱残疾员工，自然会赢得员工的忠诚和公众的尊敬。

【案例11】哈理逊公司：忠诚于员工，员工自然忠诚于企业

1933年，正当经济危机在美国蔓延之时，哈理逊公司因一场大火几乎化为灰烬。3000名员工悲观地回到家，等待公司高层宣布破产和失业风暴的来临。可不久，他们收到了公司向全体员工支薪1个月的通知。1个月后，正当他们为下个月的生计而发愁时，他们又收到了1个月的工资。在失业席卷全美、人人生计没有着落之际，能得到公司的如此照顾，员工们感激万分。于是，他们纷纷涌向公司，自发地清理废墟，擦洗机器，3个月后，公司重新运转起来。对这一奇迹，当时的《基督教科学箴言报》是这样描述的：员工们使出浑身解数，日夜不停地卖力工作，恨不得一天干25个小时。

只有把员工摆在第一的位置，对自己的员工忠诚负责，才会使员工以忠诚和热情投入工作，才能把一流的产品、一流的服务提供给顾客，从而赢得顾客的忠诚。

建设企业文化

企业在追求经济利益最大化的同时，一定要兼顾员工的个人利益，企业必须依靠良好的企业文化来构筑牢不可破的“人心长城”。

企业需要在“双赢”的背后寻找更深的思想支撑点，让员工将自己与企业融为一体。古语云：“三人同心，共利断金。”当众多的员工为了自身生存和发展而辛勤工作时，其实他们就已经在某种意义上默许企业所认同的价值取向，因而企业在追求利润的同时，也要满足员工各种合理的利益需求。

企业文化建设是一项长期的系统工程，不可能一蹴而就。企业需要远见，不可急功近利，追求义利统一才是上策。

企业文化对内表现为企业精神，对外表现为企业形象。企业文化是一种极强的凝聚力，它能将员工的命运与企业的安危紧密联系起来，使他们感到个人的工作、学习、生活等任何事情都离不开企业这个集体，将企业视为最神圣的殿堂，与企业同甘苦、共患难。

企业应该创造一种人人受重视、受尊重的文化氛围。良好的文化氛围，往往能产生一种激励机制，使每个员工做出的贡献都会及时得到其他员工及管理者的赞赏和奖励，由此激励其为实现自我价值和促进企业发展而勇于献身、不断进取。

作为一个组织，企业常常不得不制定许多规章制度来保证经营的正常运行，这当然是完全有必要的，但是即使有了千万条规章制度，也很难规范每个员工的行为，而企业文化是用一种无形的文化约束力量，形成一种行为规范，制约员工的行为，以此来弥补规章制度的不足。企业文化能在员工的心理深层形成一种定式，构建一种响应机制，只要外部诱导信号发生，即可以得到积极的响应，并迅速转化为预期的行为。这就形成了有效的“软约束”，可以减弱“硬约束”对员工心理的冲撞，削弱由其引起的心理抵抗力，从而使企业上下左右达成统一、和谐和默契。

企业文化可以把员工的个人目标引导到企业所确定的目标上来。在激烈的市场竞争中，企业如果没有一个自上而下的统一目标，很难参与市场角逐，更难在竞争中求得生存与发展。在一般的管理概念中，为了实现既定的目标，企业需要制定一系列的策略来引导员工，而如果有了一个合适的企业文化，员工就会在潜移默化中接受共同的价值观，形成一股力量，向既定的方向前进。

企业文化塑造着企业形象。良好的企业形象是企业成功的标志，它包括两个方面：一是内部形象，它可以激发员工对本企业的自豪感、责任感和崇尚心理；二是外部形象，它能够深刻地反映企业文化的特点及内涵。企业形象除了对本企业有很大的影响之外，还会对本地区乃至国内外的其他一些企业产生一定的影响，因此，企业文化有着巨大的辐射作用。

组织行为学权威斯蒂芬·罗宾斯认为，企业文化的功能主要包括以下几个方面。

1)表达了员工对企业的一种认同感。

2)使员工不仅重视自我的利益,而且会考虑到企业的利益。

3)有助于增强社会系统的稳定性。

4)文化作为一种意义形成和控制机制,能够引导和塑造员工的态度和行为。

可以说,企业文化就是企业在具体的环境和条件下,将员工的事业心和成功的欲望转化为具体的目标、信条和行为准则,形成员工的精神支柱和精神动力,指导员工为共同目标而努力。因此,建设企业文化实质上是建立企业内部的动力机制。这一动力机制的建立,不但可以激发员工的积极性和创造性,而且可以促使员工勇于为实现共同目标而做出个人牺牲。大量的企业实践也证明,建设企业文化,不仅能给予企业蓬勃的发展动力,同时也能给予员工希望、激励和约束,真正实现企业和员工的共建共享。

一个有着良好的企业文化的企业,会给每个员工带来许多益处。员工会觉得在这样的企业里工作有一种自豪感,从而产生自信心,社会也对他们另眼相看,他们始终生活在一种相对宽松的环境当中,对自身身心健康将起到积极的作用,即使今后有职业方面的流动,他们无疑比其他人更有商谈薪资、职位的筹码。

一个有着良好企业文化的企业,其员工人际关系和谐,行为举止规范,工作态度积极,办事作风实事求是。

一个有着良好企业文化的企业,还能为员工提供学习培训的机会,这是企业给员工的隐形收入,对提高员工自身素质和职业素养绝对大有裨益。

以上种种,都应该看成是企业给员工的待遇,因为企业为营造这些无形的东西耗费了大量的时间、人力、资金成本,这些无形的东西往往是金钱无法买到的。

而对于管理者而言，最重要的工作就是确立企业的价值体系，这也是建设企业文化的核心问题。

首先，管理者要深刻地认识到企业文化建设得完善与否直接关系到企业的战略实施、人员结构、经济效益的好坏。

其次，管理者要深刻地认识到企业文化的建设应重在关心人、爱护人、培养人、提高人，要从产品导向向服务导向过渡，要引导员工从个人享受向共同快乐转变。

再次，管理者要使员工深切地领会到有形的待遇，比如工资、福利、股份、期权等只是经济利益的一个方面，而无形的企业文化才能促进员工自身的增值，是面向未来的资本。也就是说，企业的价值体系至少包括来自因对企业的贡献得到的相对合理的工资福利，来自于自我价值实现的成就感，来自于企业其他员工及社会给予的尊重、荣誉以及企业所烘托的个人身份等。

并不是所有的员工都追求最大的物质回报，有的企业虽然给某些员工极其丰厚的薪资待遇，但是他们并不满意，反而愿意到别的工资、福利相对低的单位去，这是因为后者有良好的文化氛围、和谐的人际关系、良好的企业形象和有思想、有魅力的企业领导。

企业文化要发挥应有的作用，需要企业由内部形成上下一致的共同价值观。共同价值观决定着员工的思维方式和行为方式，能够激发员工的士气，充分发挥员工的潜能。对共同价值观的认同，会使员工产生稳定的归属感，从而吸引和打造一支战无不胜的员工队伍。企业营造出一种鼓励创新、积极向上的企业文化，员工呈现出一种积极进取、勇于开拓、忘我工作、自觉奉献的精神风貌，这样才能使企业成为常春藤。

【案例 12】普天研究院：提倡“家”文化

在中国普天的企业文化下，普天研究院还有自己的亚文化，可以用16个字来概括：持续创新，卓越服务，尊爱团结，敬业奉献。具体来讲，普天研究院提倡一种“家”文化——领导要像家长一样关心每个员工，让员工在企业中感觉到家的温馨，得到一种归属感。

比如，每年春节，普天研究院都会有几十人、上百人加班，领导都会在此期间到一线看望加班的员工；日常晚上的加班更是普遍，几乎2/3的人都在加班。普天研究院会为加班的员工提供品种丰富的晚餐及夜宵。

再比如，普天研究院的工会每年会组织篮球、羽毛球、足球、游泳、网球、瑜珈等丰富多彩的健身活动。因为普天研究院里大多是朝气蓬勃的年轻人，平均年龄30岁左右，这些健身活动项目特别受欢迎，甚至员工会感觉到这是一种惦念，这也是使他们愿意留下来的原因之一，因为能在工作之余锻炼身体，并不是在任何企业都可以很方便享受到的事。

此外，普天研究院在过节的时候还会发放鲜花，不仅给员工自己，而且也给员工家属。每年过年之前，员工家里一定能收到一盆鲜花，还有一封慰问信。这让员工家属感到非常温暖，觉得能成为这种企业的员工家属很光荣、很自豪，对自己的爱人也更好了。有了家庭的支持，员工在单位工作自然就更卖力了。

还有，对于工作3年以上的老员工，普天研究院还会发放一些小礼品，每年会为他们组织一次专门的答谢活动，让他们感到长期为企业服务是有回报的，进而对企业产生感恩之心，并激发出工作的热情。

启示

加强文化认同，员工就会为此而团结在一起，并为此而努力奋斗。

【案例 13】企业价值观：阿里巴巴的成功秘诀

对阿里巴巴而言，员工是最大的财富。为了最大限度地挖掘这一“最大的财富”的价值，阿里巴巴的“锄头”运用得零碎且执著。在以“侠客文化”为特点的工作环境中，阿里巴巴有一种学校才有的轻松氛围，而这又以员工人均年龄 26 岁的淘宝最为独特。在淘宝，所有员工都自冠有“郭靖”、“乔峰”、“一刀”等金庸小说中人物的名号。比如，在论坛里面偶尔出没指点的“风清扬”正是马云，而在任何场合，你大可以“肆无忌惮”地称呼淘宝掌门为“财神”。

不光称谓，这种“侠气”几乎蔓延到了公司的日常运营中。平时开会、会客的地方是“光明顶”、“桃花岛”，淘宝周年年庆活动被冠名为“武林大会”。每逢盛会，所有员工则根据自己的名号加入不同帮派，争夺“天下第一帮”称号。在帮派里，更是完全打乱了原来的层级关系，一些基层员工经常一跃成为帮主、副帮主，统领原来的上司。

还有“裸奔”。当一个项目按期完成，为了向员工表示庆祝，该项目的负责人会只穿一条短裤钻桌子、在公司楼内跑上一圈，甚至被大家拉着“裸体”发放喜糖，敲锣打鼓游行。

如此等等，马云给这个不断成长的企业注入了充沛的活力，而此中弥漫的企业文化的包容性和多样性，更是这个年轻企业的力量源泉。

在尊重多样性和包容性的同时，在公司扩张的过程中，马云更加重视统一价值观的建设，甚至将其写入了企业“法规”中。

阿里巴巴的企业价值观被具化为一个金字塔形，“诚信”、“激情”和“敬业”是员工首先要具备的素质；而“团队合作”、“拥抱变化”则位于第二层，最终达到“客户第一”。

因此，阿里巴巴不仅在录用员工的时候遵照企业价值观，而且在每个季度对员工进行考核的时候，价值观绩效也占到50%，与个人业绩的重要性同等。从2007年开始，这一考核标准由总监以下级别，进一步扩展到包括总监、副总裁级别的所有员工中。

正是基于对企业价值观的普遍认同，阿里巴巴的18位创始人没有一个离开公司。也同样基于企业价值观的驱动，每一个阿里巴巴人和产品都成为天然的“布道者”，向用户渗透和传递，而用户在增进体验的同时，也在不同程度地融入这一价值体系。

在企业价值观这一“虚幻”因素之外，阿里巴巴还通过实实在在的激励措施来保障员工的归属感。据了解，为了激励老员工，在阿里巴巴工作满5年的“老阿里”被称为“五年陈”，并赠予一枚白金戒指。在支付宝工作刚满1年的员工，还会在公司大堂两侧墙壁上留下“星光大道”式的手印。

外界看阿里巴巴，是阿里巴巴网站，是淘宝，是支付宝，但只有马云自己知道，阿里巴巴的核心竞争力是其企业价值观。阿里巴巴之所以能保持快速稳健的发展，企业价值观是关键因素。

【案例 14】用爱心打造企业文化，用企业文化凝聚员工

新疆生产建设兵团农七师供销合作总公司主要经营棉花、粮食以及化肥、农药等农业生产资料。2007 年，该公司销售总额突破 21.73 亿元，同比增加 8.49 亿元；利润高达 3327 万元，同比增加 1312 万元。

农七师供销合作总公司近年来取得的辉煌业绩，与其“做强主业、稳定辅业，多业并举、多元化发展，倾心为‘三农’服务”的经营战略有关。而该公司的全体员工之所以能有条不紊地按照经营战略一路走下来，与其“用爱心打造企业文化，用企业文化凝聚员工”的做法密切相关。

农七师供销合作总公司的大爱精神在 2008 年得到了充分诠释。汶川大地震发生后，该公司党员带头向灾区献爱心，339 位员工共捐款 17 602 元。此后，为了积极响应交纳“特殊党费”的号召，96 位党员共交纳“特殊党费”32 350 元，人均交纳 336.96 元。退休老党员牛春喜在没人通知的情况下，自己跑到公司党办，把 200 元捐款交给工作人员。

农七师供销棉麻总公司工会是该公司了解员工生活、解决员工困难的一个纽带和平台。当得知长期患病的廖建芝、巴桂芳两家经济特别困难，孩子考上大学交不起学费时，该公司工会利用扶贫帮困基金资助两个孩子读完了大学。当得知下岗女工曾春红、曹丽身患癌症之后，该公司工会不仅按政策为其申报了“低保”，还送去了员工的捐款，使她们带着对企业和社会的感激走完人生的终点。当得知基层员工刘俊上小学的独生女因患白血症在乌鲁木齐抢救治疗急需现金时，该公司工会在短短两天之内募集捐款近 3 万元，使刘俊夫妇感激涕零。

启示

农七师供销棉麻总公司“用爱心打造企业文化，用企业文化凝聚员工”的做法，不仅让员工感受到了“家”的温暖，也促进了公司的长足发展。

第三章
以心换心：服务员工才能服务顾客

管理者经营的是企业，而不是产品，企业必须“以人为本”。如果管理者只重视产品而不重视员工，那就会本末倒置。因为企业需要员工，没有好的员工，一个企业不可能快速发展。

管理者应该用知识和智慧服务好员工

对于一个只重视产品的管理者来说，他是没有心思、没有精力、没有耐心来培养自己的员工的。他会觉得员工不重要，只有自己才是最能干的，与其花时间和精力培养员工，不如自己多干一点。

只有员工才能为企业创造大量的财富，企业的一切成就都离不开员工的辛勤劳动。管理者只有把员工服务好，他们才能把客户服务好。不同的是，员工的需要与客户的需要不一样。因为客户只关注产品的品质，而员工既关注自己的前途，又关注自己个人的收入，还关注企业的文化。对于优秀的员工来说，没有前途的工作他们不愿做，没有前途的工作他们不会做，没有好的工作环境他们不去做。所以，管理者要想服务好员工就必须知道他们需要什么，同时清楚企业有什么，能给予他们什么。如果管理者给的不是员工需要的，那么你给得再多也没有用。

今天的员工变了，他们不再只关注薪水，他们需要的东西更多了，如果管理者满足不了,他们就会跳槽。也许你不愿意给,但是你的竞争对手愿意给,员工自然就跳过去了。也许你生气,会说他忘恩负义。当然,一两个员工也许是这样的,但是如果多数员工都跳槽而去,那就说明你有问题了。如果你再不重视服务员工,那么企业损失就大了。

管理者应该用知识和智慧服务好员工。你不仅要给员工更高的薪水,同时一定要告诉他们如何才能获取更高的薪水。你自己会赚钱算不了什么,你有办法让员工赚到钱那才是真本事。如果你的员工跟着你既能赚到钱,又能掌握赚钱的办法,他们当然不会跳槽。因为员工跟客户一样,他们会权衡利弊。谁都不会跟利益过不去,如果他们在你手下有更高的收入和更好的发展前途,为什么要辞职呢?所以员工跳槽,多数原因不是员工的错,而是你的错,因为你没有办法服务好自己的员工。当然这不是说你没有服务能力,而是没有好的服务态度和服务意识。

有很多管理者,他们看到客户走了,就会感觉很可惜,好像是丢了钱一样。然而,对于员工的离去,他们却无所谓。因为他们眼里,中国有的是人,你不干,有人干。“我有钱还怕招不到人吗?”所以,企业的员工走了一批又一批,他们却不知道这是财富在流失。我们知道一个客户的离去可能带走25个客户,但是我们有多少人计算过一个员工的离去会带走多少财富呢?管理者,请服务好你的员工吧!因为他们才是你的合作伙伴、你的财神。

【案例1】沃尔玛:领导为员工服务,员工为顾客服务

沃尔玛公司的任何一名员工佩带的工牌上除了名字外,没有标明职务,包括总裁在内。沃尔玛公司把领导称为“公仆领导”。在实施战略或

者计划之前，“公仆领导”总会问这些战略或者计划对员工的工作有没有帮助，有哪些帮助。

所谓“公仆领导”，是指领导和员工之间是一个“倒金字塔”的组织关系，领导在金字塔的最底层，员工是中间的基石，顾客永远处于第一位，领导为员工服务，员工为顾客服务。为什么这样说呢？零售业是服务性行业，顾客就是“老板”。因为员工整天为“老板”服务，谁来服务员工呢？在沃尔玛公司，就是公司的“公仆领导”。员工的工资和生活享受不是从“公仆领导”那儿获得的，而是来自他们的“老板”——顾客。只有把“老板”伺候好了，员工的口袋里才会有更多的钞票。员工作为直接与“老板”接触的人，其工作精神状态至关重要。

启示

在沃尔玛公司，内部没有上下级之分，见面时直呼其名，营造了一个上下平等的气氛。而“公仆领导”的工作就是指导、支持、关心、服务员工。员工心情舒畅，有了自豪感，就会更好地服务于顾客。

【案例 2】好利来：让员工把爱传递给顾客

在好利来这个蛋糕世界，有两件事一定会受到鼓励和表扬，一个是爱员工，一个是爱顾客。寓于无形又无处不在的爱，正是好利来经营之道的精华之所在。

好利来事业不断做大的根基到底是什么？企业文化和价值观是好利来不断做大的根基之所在。无论是对人才的培养还是对品质的把握，好利来始终都坚守“爱”的企业文化，销售的是美好的、充满着爱的产品。可能很多商家会向顾客推荐价格最贵、利润最高的产品，但是好利来在培训员工的时候传授给他们的理念是：根据顾客的需求，让顾客选择适合的产品。

好利来对每一个员工都充满了祖母般的关爱，从给员工安排吃、住，到关心他们的生活甚至婚嫁，其目的就是让员工一加入好利来就有一种家的感觉。

员工把好利来当成自己的家以后，他们就会把顾客视为自己家的客人，他们所想的就是怎么样让顾客喜欢上好利来这个家。因为心里种植着对顾客的感情，他们就能自发地想出好办法去做很多事。

比如发生在呼和浩特的一个店里的事情。有一次，一位先生拎着一个蛋糕进来，说“再订一个蛋糕”。在他等待的时候，领班就问他，你已经有一个别的牌子的蛋糕，为什么还要再订一个好利来的蛋糕。那位先生就很生气地告诉他：“我出门的时候一不小心把蛋糕摔坏了，回去让店里帮忙修一下，那家店告诉我没有这项服务。”领班说：“我们可以为你把蛋糕修补好。”于是这位顾客特别感动，因为并不是好利来的产品，好利来的员工却主动提出来帮他修补好。

只有处于第一线的员工才能真切地了解顾客最需要什么，才能更好地为顾客提供良好的服务。好利来对员工的工作要求不会涵盖到帮助顾客修补竞争对手的蛋糕，但是在“爱”的企业文化下，好利来的员工就会主动地去做，因为他们希望通过自己的行动让顾客了解一个事实：好利来传递的是美好的情感，而不仅仅是销售产品。

提高员工满意度

常常听到一些管理者抱怨：现在的员工越来越不好对付了，没有钱他们没干劲，有了钱也未必就能提高工作效率。持这种观点的管理者绝对不合格。

作为管理者，你对员工的需要了解多少？你为员工做过什么？你为员工提供了多少发展机会？扪心自问，你就会找到员工为什么越来越不好对付的答案。

现在的企业都提倡“以人为本”，可真正做到的并不多。一些管理者甚至曲解“以人为本”的含义，以人为“成本”，视员工为负担，从而忽略了人力资源的合理开发和利用，而这绝对是一种短视的行为。

一个员工离职以后，企业从招新人到顺利上手，光是替换成本就高达离职员工薪水的1.5倍到2.5倍，而优秀员工的替换成本则更大，其他方方面面的损失更是难以估算。

一项针对数百名管理者的调查表明，有90%的管理者认为，影响员工流动的主要是职位和薪水福利等因素。但一项针对数万名普通员工的调查显示，有 2/3 的离职人员不是因为工资待遇而走的。

实际上，从企业方面来说，容易导致员工离职的因素主要有管理混乱、缺乏激励机制、用人导向不明、企业形象欠佳、收入水平缺乏竞争力、考绩结果与奖金不挂钩等。从离职人员来讲，主观原因主要有收入太低、求得个人的发展、感觉受到不公平待遇、没有认同感、用非所长等。

为什么员工会离职呢？为什么员工会不满意呢？很多离职人员表示，自己并不是对企业不满意，而是对管理者不满意，对自己工作的小环境不满意。这种不满代表的是态度而不是行为，而态度可以影响一个员工是否愿意继续留在企业。

作为管理者，你是否发现企业内部存在以下几种现象：员工工资和福利缺乏公平度；员工甚至部门角色定位不准；员工的潜能不能得到充分发挥；员工认为自己只是打工者而不是主人翁。这些问题都是管理者自身造成的，员工不是离开了企业，而是离开了管理者。

员工满意度是指员工对薪酬、晋升、管理、工作本身和企业群体的满意程度。如今，员工满意度已经越来越深刻地影响到企业管理的每一个环节。实际上，员工是企业利润的创造者，是产品和服务的主体，他们对企业的满意度是关系到企业能否顺利发展的大事，也是企业管理好坏的一项重要衡量指标。如果员工对企业满意度高，他们就会更加努力地工作，为企业创造更大的价值，这样企业才会有长足的发展和进步，才能在激烈的市场竞争中立于不败之地。如果员工对企业不满意，他们或者会离职，或者会继续留在企业但已失去了积极工作的意愿，而这两种结果都是企业所不愿看到的。

因此，管理者应该把员工满意度视为员工工作态度的“晴雨表”，通过定期或不定期的了解，发现并解决企业管理中可能存在的问题。而这些问题的改善，将对提高工作绩效、降低缺勤率和流失率起到良好的作用。

一个人大部分时间都在工作，而且这段时间是人已经成熟之后真正实现自我人生价值的重要时期。这么长时间的生命投入，自然使员工对企业存在比较高的期望。从这方面来说，企业也应当重视提高员工的满意度，使员工由满意逐渐变为忠诚，从而自动自发地努力工作。

提高员工满意度，企业可以从以下 4 个方面入手：

第一，创造公平竞争的企业环境。

公平体现在企业管理的各个方面，如招聘时的公平、绩效考评时的公平、薪酬系统的公平、晋升机会的公平、辞退时的公平以及离职时的公平等。

公平是每个员工都希望企业具备的特点之一。公平可以使员工踏实地工作，使员工相信只要自己付出就会有回报。公平的企业使员工满意，使员工能够心无杂念地专心工作。

在工作中，员工最需要的就是能够公平竞争。在麦当劳，晋升对每个员工都是公平的，适应快、能力强的员工晋升的速度就会快。松下公司则重点推行资格制和招聘制，大大增加了人力资源管理的公平性和透明度，提高了员工的竞争意识和组织活力。松下公司首先在内部提出某个需要公开招聘的职位，所有员工均可应聘，但必须提出自己的工作计划，参加类似比赛的竞聘活动，并接受相应的资格审核。经过各项定量定性的考评之后，松下公司再最终确定正式人选。为了实施资格制和招聘制，松下公司还改革了工资制度，工资总体上分为资格工资和能力工资，使绩效考评公开化。

第二，创造追求进步的企业氛围。

社会发展速度越来越快，工作中所需的技能和知识更新速度加快，因此，培训已成为企业提高员工工作效率、增强竞争力的必要职责。从员工的角度来看，自身的成长和进步已经成为他们衡量自己的一项重要指标。一个企业，发展的机会多，培训的机会多，就意味着员工晋升的机会多。所以，培训也是员工选择企业的一项优先考量指标。

第三，创造自由开放的企业氛围。

现代社会中，员工对自由的渴望越来越强烈，员工普遍希望企业是一个自由开放的系统，自己能在企业内部平等顺畅地沟通。

在自由开放的企业氛围里，管理者应当充当教练的角色。教练的工作不仅是训练，还包括辅导、参谋、揭露问题、教育。训练员工时，管理者要善于倾听，并经常表达欣赏和感谢之情。通常在员工首次做某事要进行特殊的鼓励时，或者在员工做完某事但存在错误需要纠正时，需要进行训练工作。辅导就是帮助有工作潜力的员工挖掘自己的潜能。参谋就是当发生问题、工作受到影响时，给予员工建设性意见、支持和鼓励，并进行双向讨论。揭露问题就是把员工工作中存在的问题和重大工作失误正面地公布出来，由大家一起来帮助员工解决问题，纠正错误。教育也就是我们一般所说的培训。

自由开放的企业应当给员工提供工作轮换的机会，让员工到其他部门或者其他岗位暂时任职。索尼公司就实行工作岗位定期轮换制度，以保证员工有更多的发展机会，对工作保有新鲜感。

一般而言，员工对工作的参与程度越深，其积极性就越高。可是，在众多企业中，员工说话的机会太少，无法表达自己的意见和建议。其导致的必然结果就是：管理者满怀雄心壮志地向前冲，员工却在后面置若罔闻。自由开放的企业应当拥有一个开放的沟通系统，以促进员工之间的关系，增强员工的参与意识，促进上下级之间的意见交流，促进工作任务更有效地传达。

第四，创造关爱员工的企业氛围。

人是社会性动物，需要群体的温暖。如果企业关爱员工，员工满意度肯定很高。关爱员工的企业能给予员工良好的工作环境，能给予员工足够的工作支持，使员工能安心工作。关爱员工的企业善于鼓舞员工的士气，在员工取得成绩时不仅会公开、及时地夸奖和赞扬，还会组织一些联欢活动让大家分享成功的喜悦。

关注员工满意度，并采取各种措施提高员工满意度，还应当注意对这些措施的反馈控制。企业应该定期进行员工满意度调查，以修正或强化企业为提高员工满意度所付出的努力。

【案例 3】核心员工流失，带来的后果是不堪设想的

2002 年年初，一起官司引起广泛关注：中国银行济南分行向法院提起诉讼，状告 21 名违约跳槽的核心员工，并将招聘这些员工的 5 家股份制商业银行列为第二被告。最终，原告中国银行济南分行获得了经济赔偿。

核心员工流失，带来的后果是不堪想象的。对于企业来说，不仅失去了具有很强能力的核心员工，而且可能导致生产、销售的一度混乱。比如，2000 年，两位副总的跳槽就给某企业集团带来了巨大的损失，该集团 2000 年 6 月至 12 月的生产销售指标为 20 万吨，而事实上只完成了 15.2 万吨。

同时，核心员工的流动也会使企业面对竞争对手的威胁。祝剑秋虽然一再声称“我在方正工作了 9 年，对方正有感情”，但他到朝华科技任职之后，方正的十几员大将纷纷投到其旗下，这不能不说是对方正的沉重打击。

核心员工流失会给企业造成巨大的损失，管理者一定要想尽办法留住核心员工，提高其满意度。

【案例 4】员工流失引发经营危机

某知名饭店曾经非常重视员工培训，并且成立了员工培训中心，新招来的员工一到饭店就被送到培训中心接受长达 1 年的业务培训，全部费用由饭店承担。至 2004 年，该饭店的培训中心已先后培训了 5 届员工。

然而，由该饭店花大本钱培训的员工，特别是核心员工在近几年却频繁跳槽。当第一届参加培训的 40 人中只有 10 人留在饭店时，并没有引起高层管理者的关注，他们认为这是偶然现象，以至于第二届、第三届总共才剩下 7 人。

原来，该饭店的员工接受培训后，知识、技能都有不同程度的提高，为饭店创造的价值比以往更大了。而此时，该饭店的高层管理者却没有意识到这些改变，仍以从前的价值观来衡量他们，没有向员工提供较好的福利待遇和发展空间，薪资与绩效也没有挂钩，于是对该饭店越来越失望的员工纷纷离职。还有一些经过培训后能力有了明显提高的饭店管理人员，希望自己有升迁的机会，但是没有得到该饭店的赏识，因此这些核心员工的流失也就成为必然。

在被问及离职原因时，离职员工大多都认为：自身价值得不到体现，缺乏晋升机会，绩效与薪酬不挂钩，工资和福利待遇差。而这些致使他们工作时常常心不在焉，为顾客服务时态度较差。

面对员工大量流失，该饭店的高层管理者现在已无心培训员工，他们害怕培训后的员工翅膀硬了，饭店留不住，白白为他人做嫁衣，于是撤销了员工培训中心。此后，员工的服务水平与工作技能开始每况愈下，饭店口碑也大不如前，经营逐渐陷入危机。

面对员工的大量流失，管理者应该认真思考并积极采取补救措施，力争让员工满意，否则，可能危及企业的生存和发展。

【案例5】“回聘”让李明死心塌地地工作

李明2004年大学毕业后就在知名的A旅行社做总经理助理，2007年之后有不少公司想挖他，而且薪水开得很高，但是都遭到了他的拒绝。这么好的机会，他为什么还愿意死心塌地地继续在A旅行社工作呢？

原来，早在2005年，A旅行社就已针对主动辞职的员工制定了“回聘”制度。2006年，李明曾向A旅行社主动提出辞职。临走前，总经理对他说：“你是一名优秀的员工，只要你想回来，我们永远欢迎你，以后若有什么困难。尽管来找我。”这些话，令李明备感温暖，他一直铭记于心。第二年，李明又回到了A旅行社，并且比以前更加努力地投入工作。他常常对同事说，他喜欢这里的工作环境，不仅总经理待人和气，对于员工的工作从不多加指责，如果有不同的意见和看法，总经理总是非常委婉地提出来，然后一同商量解决，给员工的承诺也能一一兑现；而且同事也非常热情，自己如果在工作中遇到困难，他们都尽心尽力地提供帮助。

面对人才流失，A旅行社采取了积极的补救措施，针对主动辞职的员工制定了“回聘”制度。从人力资源管理方面来看，这体现了一种开明的态度，表现了一种对人才的渴望。

有效沟通，以心换心

大凡生活中善于观察的人都知道，猫和狗是仇家，见面必掐。其实，猫和狗之所以为敌，是因为沟通上出了问题，比较明显的是：摇尾摆臀是狗向伙伴示好的表示，而这一套"身体语言"在猫那里却是挑衅的意思；反之，猫在表示友好时，喉咙里会发出"呼噜呼噜"的声音，而这种声音在狗听起来就是想打架。结果，猫和狗本来都是好意，却成了"猴子吃麻花——蛮拧"。但从小生活在一起的猫和狗就不会发生这样的对立，原因是它们沟通得很频繁，彼此熟悉对方的行为和语言的含义。

同样的道理，管理者也要准确地掌握员工的语言与行为方式。如果管理者能够利用员工的语言与行为方式去与他们打交道，就能轻而易举地突破沟通障碍，减少许多不必要的管理麻烦。

沟通的意义是显而易见的。可以说，缺乏沟通，管理者就难以发挥作用。管理者应该尽可能地与员工进行沟通，使员工能够及时了解自己的所思所想。而且，员工知道的越多，理解得越深，对企业也就越关心。一旦他们开始关心企业，他们就会爆发出数倍于平时的热情和积极性，形成势不可当的力量，任何工作困难都阻挡不了他们。

如果管理者不及时与员工沟通，不让他们知道企业的发展情况，员工就会感觉自己被当做了“外人”，这样，轻则会打击员工的士气，重则会与员工之间产生严重的隔阂，无法达成共识。

如果管理者能把管理的过程视为沟通的过程，视为与员工相互之间不断反馈的过程，把训斥和命令转为留心与倾听，养成换位思考的习惯，就可以激发和调动员工积极的心态。

【案例6】沃尔玛：沟通是成功的真正关键之一

沃尔玛公司创始人萨姆·沃尔顿曾说：“如果非要将沃尔玛管理理念浓缩成一个词，那可能就是沟通，因为它是我们成功的真正关键之一。”

沟通就是为了达成共识，而实现沟通的前提就是让所有员工一起面对现实。沃尔玛要做的，就是通过信息共享、责任分担实现良好的沟通。

沃尔玛公司总部设在美国阿肯色州本顿维尔市，公司的行政管理人员每周会花费大部分时间飞往世界各地的商店，向所有员工通报公司的业务情况。任何一个沃尔玛商店都会定期公布利润、进货、销售和减价等情况，并且不只是向经理及其助理们公布，也向每个员工、计时工和兼职雇员公布，以鼓励他们取得更好的成绩。

为了保持信息渠道的通畅，沃尔玛公司还非常注重全面收集员工的想法和意见。沃尔玛公司的股东大会是全美最大的股东大会，每次大会公司都尽可能让更多的商店经理和员工参加，让他们看到公司全貌，做到心中有数。萨姆·沃尔顿在每次股东大会结束后，都和妻子邀请所有出席会议的员工到自己的家里举办野餐会。在野餐会上，他会与众多员工一起畅所欲言，讨论公司的现在和未来。

萨姆·沃尔顿认为，让员工了解公司业务的进展情况，与员工共享信息，是与员工沟通和联络感情的核心。而沃而玛公司也正是运用共享信息这一形式，满足了员工的沟通与交流需求，达到了自己的目的：使员工产生责任感和参与感，意识到自己的工作在公司的重要性，感觉自己得到了公司的尊重和信任，从而积极主动地努力争取更好的成绩。

启示

沃尔玛公司在世界500强企业中排名靠前，它拥有遍布世界各地的众多分店。成功管理这么庞大的事业，沃尔玛公司靠的就是与员工的沟通。

【案例7】上海贝尔有限公司：网络沟通收效大

上海贝尔有限公司是一家特大型电信设备制造合资企业，其员工平均年龄为29岁。在3000多名员工中，大学文化程度以上的员工占总人数的82%。员工年轻有朝气、学历高、思想活跃、重视自我价值的实现、参与欲强。如何依据员工的这些特点，把他们的积极性、主动性、创造性汇聚到发展壮大企业这条主线上来，成为贝尔公司的行政部门及工会思考的一个重大问题。经过认真调研，他们决定利用各自的技术、资金和人才等优势，合力为员工构筑一个基于内部局域网的信息沟通渠道，从而架起了行政与工会、行政与员工、工会与员工之间快捷联系、沟通的桥梁。

为提高员工的参与热情，扩大员工民主参与管理的渠道，广泛听取员工对公司经营的意见，使员工能随时发表看法，贝尔公司的行政部门在内部局域网上专门开辟了"信息共享"、"公共服务"、"公共讨论"、"公告栏"、"贝尔新村"等近 10 个电子信箱。这样一来，公司内部活动的信息以及员工对公司发展的建议和意见就可以及时地发送到公司领导、部门经理和员工的计算机中。比如，人力资源部多次在内部局域网上招聘中层管理者，为内部员工提供施展才华的机会，消息一上网，员工们纷纷踊跃报名，经面试、考核之后，不少员工走上了新的工作岗位。又比如，有的员工从企业发展角度出发，在网上积极提建议、谈设想，公司领导认真对待，既较好地解决了问题，又调动了员工的积极性。

贝尔公司的工会在行政部门的大力支持下，建立了工会工作网站和近 30 多个电子信箱，对员工了解工会、有困难找工会提供了便捷的条件。此外，30 多个业余爱好者协会、俱乐部的公用电子信箱以及公司工会主席的电子信箱，构成了工会与员工双向沟通交流的渠道。员工通过访问 30 多个业余爱好者协会、俱乐部及工会主席的电子信箱，可随时各取所需、各得其所，还可以参与业余爱好者协会、俱乐部举办的各种丰富多彩的活动。

员工在生活中、工作中以及业余爱好等方面有许许多多的疑惑，他们既需要解答，又需要帮助。当有这类需求的电子邮件发至工会电子信箱或行政部门电子信箱时，他们就会得到行政部门和工会领导的及时答复。比如，有几位员工联合提出了组建健身爱好者协会的要求，收到这封电子邮件后，贝尔公司及时约请这几位员工面谈，详细解答他们的提问，认真听取他们的计划，并给予他们热情的鼓励。随后，贝尔公司有关方面开会研究，在确认其有群众基础之后，便表示大力支持。不久，这几位员工正式向贝尔公司递交了成立健身爱好者协会的申请报告，并附上会员名单、协会章程草案等材料。然后，贝尔公司又专门听取了有关员工对协会负责人人选的意见，在达成一致意见后，正式发文批准成立健身爱好者协会。

同时，网上电子信箱也加强了对企业各方面的监督力度。比如，工会工作网站开通后，从工会主席到工会办公室主任的职责以及各部门工会、业余爱好者协会、俱乐部的职责与工会通讯等内容一应俱全。这样，每一位员工在任何时间都可以了解工会的工作情况并就此提出意见、建议。2000 年年底，工会主席的电子信箱收到一份主题为“盼望生活委员会为大家办一件大实事”的电子信件，其内容是：一年一度的报刊订阅又要开始了，希望我们明年拿到的不再是清一色的报刊。工会主席收到电子信件后，立即与工会读者服务中心的同志联系，大家一致认为员工这样的要求不过分，经商量后妥善地解决了这一问题，员工们也感到非常满意。

网络沟通是一种快捷、有效的沟通方式，既可以沟通信息、节约时间、提高工作效率，又可以解决员工的思想问题、维护员工的权益、提高员工的工作热情和积极性。作为管理者，你不妨尝试一下。

要有容人的肚量

管理者不仅要有爱员工之心,还要有容员工之短的气量。管理者应该有宽广的心胸,善于求同存异,虚心听取不同的意见和建议,不要总是对一些鸡毛蒜皮的小事斤斤计较,更不要对一些陈年旧账念念不忘。

为了企业的利益,管理者有时的确需要委屈一下自己,设身处地地了解员工的心理和观念。也许有时候员工当着众人顶撞了你,或故意怠慢了你,你该怎么办?是利用自己的权威,给员工“穿小鞋儿”?还是另找个时间,约他聊聊天、谈谈心,彼此沟通沟通,化解一下矛盾?

当你绞尽脑汁、用心良苦地教导员工工作时,他明显地表示出厌烦的态度,你是否常常气得想整他一顿?如果员工的某句话使你脸面无光,自尊心大受损伤,你就立即怒不可遏,岂不更丢你堂堂管理者的面子?过激的宣泄方法只能使你得到一时的快感,但后果你又想过吗?你不妨暂时进行“冷却”处理,这也是容人的一种方法。

人有所长,必有所短,“全才”是没有的,员工在工作中难免会犯错误。这个时候,你要学会有意识地原谅他们所犯的过错,激励他们继续进取，使其不致因过失或错误而丧气灰心，却步不前。

美国某公司一位高级主管，由于工作严重失误给公司造成了1000万美元的巨额损失。为此，这位高级主管心里非常紧张。第二天，董事长把这位高级主管叫到办公室，通知他调任同等重要的新职。“为什么你不把我开除或者降职？”这位高级主管非常惊讶地问。董事长回答说：“若是那样做，我岂不是在你身上白花了1000万美元的学费？”董事长的出发点是：如果给他继续工作的机会，他的进取心有可能超过从未犯过错误的常人。后来，这位高级主管果然以惊人的毅力和智慧，为该公司做出了巨大的贡献。

的确，对于那些有缺点或犯过错误的员工，管理者不仅要有敏锐的慧眼，更要有容人的气量。对于员工的过失，必要的指责本无可厚非，但倘若你能以博大的胸怀去宽容他们，就会让工作环境变得更融洽。宽容员工，进而为员工所接纳、所赞赏、所钦佩，这正是你成功的根基。根基既固，才有枝繁叶茂，硕果累累；倘若根基浅薄，便难免枝衰叶弱，不禁风雨。因此，在与员工交往的过程中，你要以宽容之心度其之过。

一般来说，管理者的工作能力或实践经验都要比员工更胜一筹，管理者居高临下很容易发现员工的缺点和不足之处，而且也容易向他们提出高标准要求。作为管理者，你应当清楚地了解每一个员工的能力，而且要因才适用，不要总以自己的工作能力来衡量和要求员工。当然对员工严格要求还是必要的，但严格要求和宽容之间并不矛盾。严格要求是指可以为员工制定高标准的工作要求，而宽容则是当员工犯错误或由于某种原因而未能达到高标准的工作要求时，应该对他们采取的态度。当你宽容了员工时，他们不但不会散漫，反而会充满工作热情。而如果你总是挑剔员工的毛病，就会极大地削弱他们的工作热情，甚至会使他们产生反感，这样就会影响他们工作的积极性、主动性和创造性，从而对企业发展产生不利的影响。所以，你应该努力做到“严以律己，宽以待人”。

世上没有十全十美的人，当员工犯错误时，你应当告诉他：“不要紧！把错误的原因找出来，下次改进”。“以后你在这些地方要小心点。”

【案例 8】克罗克：容忍员工不同的个性

很多人都难以想象，一家企业仅靠出售汉堡包等食品就能风靡全世界，不仅改变了几代人的饮食习惯，而且还掀起了一场饮食服务业的革命。但麦当劳确实做到了。

麦当劳是一个真正的员工大熔炉。麦当劳的员工都有着各自不同的背景和个性。他们当中，有在纽约当过警察的邓纳姆，有大学教授特雷斯曼，有法官史密斯，而西罗克曼曾是个银行家，凯茨是一名犹太教士，舒帕克原先是美国共产党员，瓦卢左博士做过牙医。他们中还有军官、篮球明星、足球运动员等。他们当中有许多脾气古怪的人，但麦当劳总裁克罗克能容忍他们，并给他们很大的自由度，让他们发挥自己的专长。

克罗克举止高贵，谈吐优雅。他讨厌衣装不整、举止散乱的人，但只要这样的人对麦当劳能够做出贡献，他就能够容忍他们的怪异甚至给他们以很高的授权。克罗克讨厌长头发，但能够提拔披着长发的克莱思为广告经理，因为他是设计出麦当劳大叔的功臣。克罗克有时会一时冲动，下令开除某位穿着牛仔打扮的地区经理，但是他从未真正开除过任何人。有一天早晨，克罗克有紧急事情去找一名经理，却发现他正在整理东西准备离开。他问这位经理：“你在干什么？”经理回答说：“我正在收拾东西，你昨天已经开除我了。”克罗克却告诉他把东西放好，继续上班，因为他早把这件事忘了。正如麦当劳的副总裁可恩所说：“克罗克其实是一个很能变通的人，只要你用正确的方法做事，就能说服他，他也会听从你的。”

员工有其所长，自然也会有其所短，管理者应该容其所短、扬其所长。

【案例9】不要急于处理犯错误的员工

某企业的一个业务员因提供了错误的市场信息导致销售经理决策的失误，造成企业重大损失。对于这种严重错误，销售经理完全可以将这个业务员撤职。

销售经理并没有急于做出处理，他分析了两种可能性：一是这个业务员本身不称职，不宜于再继续担任这个职务；另一种可能是“好马失蹄”，由于一时大意而出现错误。如果是后者，那么将他撤职就会毁掉他。销售经理进一步考虑到，目前还找不到一个更适合的人选顶替这个业务员的职务，一旦将他撤职将会影响工作。于是，销售经理把这个业务员找来，告诉他自己将要对这一错误做出处理，但具体如何处理没有明确告之。事情就这样拖下来了。

在这段时间里，这个业务员为挽回错误，一直兢兢业业地工作，不仅多次提供了很有价值的市场信息，同时用事实证明他做这项工作是称职的，上次的失误是意外情况。

不久，销售经理对这个业务员说："由于你的贡献本来准备给予嘉奖，但因为上次失误还未处理，故将功抵过，既不嘉奖，也不处分，既不升也不降。"

销售经理对待这个业务员的处理方法的效果无疑是最好的，既没有影响工作，同时又令这个业务员以及其他职工心服口服。

在整个过程中，主动权始终掌握在销售经理手里，虽然他没有马上将这个业务员撤职，但只要找到合适的代替人选，他随时可以这样做，同时他又通过这段时间考查了这个业务员，避免了仓促决策，误伤员工。

另外，他还等到了处理问题的绝好时机，即这个业务员立功，功过抵消的处理使这个业务员打心眼里感激销售经理对他的关照和信任，同时又没有姑息错误，实践了自己要处理这个业务员的诺言，其他员工也通过这件事的处理对销售经理深为佩服。

总之，在处理这件事的过程中，这位销售经理弯弓搭矢，引而不发，处处主动。箭在弦，则随时可发，箭出弦则一发而不可收。所以，"引而不发"不失为一种处事妙招。

员工犯了错误或出现失误，当然要追究责任，要批评、处分甚至撤职。但在事情和责任没搞清楚之前，作为管理者的你，千万不要急于处理。你如果还没有处理，那么主动权就掌握在你的手里，你想什么时候处理就什么时候处理。而等到事情和责任搞清楚之后，你再去妥善地处理，不仅不会伤害员工的感情，反而会赢得员工的心，使其成为你的忠实拥护者。

用赞美打动员工的心

某公司的一个清洁工，本来是一个最被人忽视、最被人看不起的角色，但就是这样一个人，却在一天晚上公司保险箱遭窃时，与小偷进行了殊死搏斗。事后，同事询问他这样做的动机，他说："当公司的总经理从我身旁经过时，总会不时地赞美我扫地扫得真干净。"

赞美真能产生如此神奇的效果吗？如果作为管理者的你不相信，请回想一下自己曾经受到某种赞美时的那种美好的感觉吧！

赞美是一种兴奋剂，它能激发员工的内在动力，增强员工的活力；赞美是一种催化剂，它能推动员工认真工作，调动员工的工作热情；赞美有一种评价作用，它能使自卑的员工鼓起勇气，使游移的员工确定方向，使盲目的员工找到目标，使软弱的员工坚定意志；赞美不仅可以强化员工的优势和特长，而且可以激发员工及时的行动。

前苏联的一位心理学家曾经做过这样一个实验：他从一群员工中挑出一个相貌、气质、学习成绩等各方面表现都相当平庸，而且有点自卑、也不太招人喜欢的姑娘。然后，他特意安排她的一些同事对她表示赞美。有的同事主动对她表示某种好感，说她有很多可爱之处；有的同事主动献殷勤，送她回家；还有很多同事给她送生日礼物。结果，不到1年的时间，这位原本表现平平的女员工获得了新生，不仅自信开朗、爱说爱笑，工作业绩也进步很大。

实际上，要让员工感觉到你对他们的爱，赞美的确是一件轻巧实用的武器，根本用不着你掏腰包，何乐而不为呢？

你可以从日常细节下手，员工穿了一件新衣服，你遇见他，可以用一副欣赏的模样，兴高采烈地赞美说："这件衣服很称你啊！""你打扮得叫人眼前一亮！""你真有眼光，这件衣服太帅了！"有人穿了新鞋、做了新发型，甚至背了个新手袋，你也可以套用以上的赞美之词。

除了打扮，你也要多注意员工的工作表现。比如，某个员工刚刚成功地完成了某项任务，你别忘了说："你真棒，难怪大家都说你能力强。""你的干劲实在值得大家学习。"

【案例10】查尔斯·施瓦普：真诚、慷慨地赞美员工

20世纪20年代，查尔斯·施瓦普是美国少数年收入超过100万美元的人之一。当1912年安德鲁·卡内基任命施瓦普为新成立的"美国钢铁公司"第一任总裁时，施瓦普才38岁。为什么安德鲁·卡内基每年要花100万美元聘请施瓦普？要知道，这几乎等于每天向施瓦普支付3000美元。是因为施瓦普是个了不起的人才，还是施瓦普对钢铁生产比别人懂得多？都不是。

施瓦普之所以能够获得高薪，主要是因为他善于管理。他说："我很幸运地拥有一种引发员工热忱的能力，这是我仅有的长处。促使员工将

自身能力发挥至极限的最好办法，就是赞赏和鼓励。来自上司的批评，最容易挫败一个员工的志气。我从不批评员工，而是激励员工自觉地去发挥他的作用。嘉许员工我从不吝啬，而批评责备却非常小气。只要我认为某个员工出类拔萃，就会由衷地给予赞美，并且不惜拿出所有的赞美之词。总之，如果说我喜欢什么，那就是真诚、慷慨地赞美员工。"

这就是施瓦普之所以能够获得高薪的原因。但是，一般的管理者会怎么做呢？他们的做法往往正好相反。如果他们不喜欢某位员工，必定会对他大吼大叫；如果他们喜欢某位员工，也不会吭声。针对这种现象，施瓦普说："工作中，我广泛接触过世界各地不同层面的人，我发现，无论如何伟大或尊贵的人，他们和平常人一样，在受到赞美的情况之下，更能奋发工作。"

管理者真诚的赞美，可以让员工感觉到自己受到了重视，他们也自然会愿意为企业创造更大的价值。

【案例 11】即使再小的成绩也一定要赞美

某电力公司的李经理到自己管辖内的工地去视察工作。当他发现其中某个工人工作非常卖力，即使其成绩微不足道，他还是会趁全员集合的时候大大褒扬一番。

几年之后，该公司一位退休老职员说："我也是被李经理夸赞过的人，而其实我所做的只是不想让工厂里的木墙腐朽掉罢了，李经理甚至在晨会时和公司的内刊上特别嘉奖我，让我受宠若惊。当时我真的有种‘死而无憾’的感觉。在公司里默默工作了这么久，终于有人认同我的成绩，我当时真是觉得没有任何遗憾了。而且这次公司为我们举办的退休典礼，李经理也抽空参加了。最不可思议的是，他竟然还记得我，而且在大家面前提起当年那件事，我感动得一直掉眼泪。”

启示

士为知己者死，简单的一句“谢谢”就可以让员工更加卖力地工作。即便是再小的努力、再微不足道的成绩，如果管理者发现员工工作努力认真，就一定要给予适当的赞美。

微笑的力量

微笑是对员工的一种态度，与地位高低、薪水多少没有必然的联系。微笑发自内心，微笑是对员工的尊重，同时也是对自己的尊重。微笑是有“回报”的，管理者怎样对待员工，员工就会怎样对待管理者；管理者对员工的微笑越多，员工对管理者的微笑也会越多。

有时候，过多的批评、教训完全没有必要。对于那些犯错的员工，给他们一个微笑，剩下的事就让时间去证明好了。当年，有人说爱因斯坦的理论错了，并且说有100位科学家联合作证。爱因斯坦知道了这件事，只是淡淡地笑着说：“100位？要这么多人？只要证明我真的错了，一个人出面便行了。”爱因斯坦的理论经历了时间的考验，而说他理论错的那些人却让他的一个微笑给打败了。

【案例 12】阿尔米公司：笑脸无处不在

阿尔米公司是美国一家生产钛产品的企业。若干年前，它的经营业绩低于一般水平，生产效率和利润都很低。但最近 5 年来，阿尔米公司却获得了引人瞩目的成功，究其原因是因为它采取了一项积极注重人的生产效率的计划。

“大块头”吉姆·丹尼尔出任总经理的时候实施了这项计划。他原先是一名职业橄榄球员，当过克利夫兰布朗队的队长。《华尔街日报》把这项计划形容为“一个由感人肺腑的口号、相互交流和满脸堆笑组成的大拼盘”。丹尼尔在工厂里到处张贴告示，上面写着：“倘若你看到有谁脸无笑容，那就请对他报以微笑吧”，“要是员工们不喜欢，那将一事无成。”

实际上，阿尔米公司的标志就是一张笑脸，信笺上、厂门口、厂徽、工人的安全帽上，这张笑脸真是无处不在。丹尼尔花费大量时间骑车巡视工厂，他和工人们打招呼，开玩笑，倾听他们的意见，彼此称兄道弟。此外，他对工会也非常关心，当地的工会主席无不敬意地说：“他让我们出席各种会议，让我们了解工作的紧张情况，这在别的行业真是前所未闻的。”

这样做的结果是，在最近 5 年里，几乎未增加任何投资，而阿尔米公司的生产效率却差不多提高了 80%。

微笑是管理者的最好名片，哪个员工不希望跟一个乐观向上的管理者交朋友呢？微笑能给你一种信心，也能给员工一种信心。

正确处理员工抱怨

抱怨是一种正常的心理情绪，当员工认为自己遭受了不公正的待遇或者工作遇到困难时，通常会产生抱怨情绪，因为这种情绪有助于其缓解心中的不快。管理者大可不必对员工的抱怨产生恐慌，但一定要认真对待。抱怨并不可怕，可怕的是管理者没有体察到员工的抱怨，或者对员工的抱怨反应迟缓，从而使员工的抱怨情绪肆意蔓延，最终导致管理的混乱与矛盾的激化。

员工可能会对很多事情产生抱怨，但从总体上讲，可以分为以下 4 类：

(1)薪酬问题

薪酬直接关系到员工的生存质量，所以薪酬问题肯定是员工抱怨最多的内容。比如，本企业薪酬与其他企业薪酬的差异，不同岗位、不同学历、不同业绩薪酬的差异，薪酬的晋升幅度、加班费计算、年终奖金、差旅费报销等，都有可能成为员工抱怨的话题。

(2)工作环境

员工对工作环境和工作条件的抱怨几乎能包括工作的各个方面，小到企业信笺的质量，大到工作场所的地理位置等都可能涉及。

(3)同事关系

同事之间产生抱怨往往集中在工作交往密切的员工之间，并且部门内部员工之间的抱怨会更加突出。

(4)部门关系

部门之间产生抱怨主要因为以下两个原因：一是部门之间的利益矛盾，二是部门之间工作衔接不畅。

当员工遇到以上4类事情时，会采取一些方式来发泄心中的不满，而抱怨是一种最常见发泄方式。伴随着抱怨，员工可能还会出现工作效率降低、工作业绩下降等情况，有时甚至会拒绝执行工作任务、破坏企业财产。当然，大多数的发泄一般只停留在口头抱怨上。随着时间的推移或问题的解决，当情绪平稳下来时，员工的抱怨就会随即消失。

虽然刚开始可能只是某个员工在抱怨，但很快可能越来越多的员工都开始抱怨。这种现象并不奇怪，因为员工在抱怨时需要听众(其他员工)，并且要争取听众的认同，所以他会不自觉地夸大事情的严重性，并且会尽力将事情与听众的利益挂起钩来。在这种鼓噪下，自然会有越来越多的员工偏听偏信，最终加入抱怨的行列。

抱怨与性格的相关性可能要大于与事情的相关性。面对同样一件糟糕的事情，不同性格的人情绪的波动程度有很大的区别。有时我们会发现，在企业中，总有几个员工喜欢抱怨，甚至对任何事情都不满意，或者为了一件小事就大动干戈。

喜欢抱怨的员工一般性格内向，对事情敏感，企业80%的抱怨都有可能出自他们的口中。另外，有些刚刚踏入社会的年轻人也喜欢抱怨，他们的心里很难承受一丝的不公平。

那么，管理者应该如何处理员工的抱怨呢？

(1)乐于接受抱怨

抱怨无非是一种发泄。抱怨者需要听众,而这些听众往往是他最信任的那部分人。当你发现员工抱怨时,你可以找一个单独的环境,让他无所顾忌地抱怨,你所需要做的就是认真倾听。只要你能让他在你面前抱怨,你就成功了一半,因为你已经获得了他的信任。

(2)尽量了解原因

任何抱怨都有原因,除了从抱怨者口中了解事情的原委之外,管理者还应该听听其他员工的意见。如果是因为同事之间或部门之间的关系产生的抱怨,管理者一定要认真听取双方当事人的意见,不要偏袒任何一方。在事情没有完全了解清楚之前,管理者不应该发表任何言论,因为过早的表态只会使事情变得更糟。

(3)平等沟通

实际上,80%的抱怨是针对小事的抱怨或者是不合理的抱怨,它来自员工的习惯或敏感。对于这种抱怨,管理者可以通过与抱怨者平等沟通来解决。管理者首先要认真听取抱怨者的抱怨和意见,其次对抱怨者提出的问题要做认真、耐心的解答,并且对其不合理的抱怨进行友善的批评。这样做就基本可以解决问题。另外20%的抱怨是需要做出处理的,这种抱怨往往源于企业管理存在问题。管理者首先要与抱怨者平等地进行沟通,先使其平静下来,以阻止抱怨情绪的扩散,然后再采取有效的措施解决其抱怨的问题。

(4)处理果断

需要做出处理的抱怨中,由于员工失职产生的抱怨只占20%,有80%的抱怨是因为管理混乱造成的,所以规范工作流程、岗位职责、规章制度等对于处理抱怨十分有效。在规范工作流程、岗位职责、规章制度等时,管理者应采取公开、公平、公正的原则,让当事人深度参与。如果是员工失职产生的抱怨，管理者则要及时对当事人采取处罚措施，尽量做到公正严明。

【案例 13】正确处理一线业务员的抱怨

一线业务员长期在外地工作，对于他们，最直观的销售管理工具主要是报表。但是，大多数一线员工并不觉得报表管理能给自己带来多少业绩增长，他们总是抱怨要上交的报表太多、太繁杂，没有任何实际内容。

张经理是一家企业的驻外销售经理，每天都在市场上搏杀，但是他几乎抽不出时间向经销商和终端了解情况。因为无论是早上 8 点还是下午 5 点，都不断地有总部发来的传真或电子邮件，让他上报各种报表。而他下面的业务员则更是忙得不可开交，因为他们除了要忙自己的业务之外，还得每天花 1～2 个小时与张经理一起填报报表。所以，他们难免会向张经理抱怨。

难道企业管理、监督员工的主要办法就是让员工填写报表？可是对于这些报表，一线业务员虽然填得很辛苦，但真正最后为企业决策所用的又有多少呢？难道报表只是让一线业务员有更多的事情可做，或者只是为了说明企业的职能管理部门确实在帮助一线员工，让他们更有效地处理事情？张经理虽然并没有研究过管理学，但作为一线销售经理，他觉得每天必须填写报表不甚合理，所以他对一线业务员的工作内容以及报表填写情况进行了认真的分析，最后根据实际情况进行了一些大胆的改革。

销售管理工具并不仅仅是报表，张经理通过让一线业务员认知和了解规章制度，来达到让员工自己约束自己的目的。他对规章制度的灌输并不是照本宣科，他用的是“案例式教学法”。首先，他让大家与自己一起，头脑风暴式地将规章制度过一遍并加以完善；然后，他再抽出时间让每个一线业务员对每条每款做出自己的诠释，哪些条款是自己应该遵守的，哪些条款是自己以后工作中需要注意的，哪些条款是最重要的，哪些条款是不太重要的；最后，张经理要求所有一线业务员每个月总结出一个案例，来支持其对规章制度的诠释。

规章制度并不一定要由企业来统一制定，无论是会议形式、拜访过程、客户沟通，还是账款处理、上班纪律等，其实也可以由员工自己制定、自己遵守。

张经理本来就是从普通业务员晋升上来的，他没有层级观念，他更愿意与一线业务员共同讨论、协商问题。而在与一线业务员平等沟通的过程中，他不仅非常成功地完成了自己的管理过程，同时也建立起了一个非常有战斗力的团队。所以，他非常喜欢利用业务会议来进行管理，而不只是每天让一线业务员上交呆板、枯燥的报表。

张经理召开的业务会议非常有特点，他只把自己当做一个主持人、一个乐队指挥，而让各位一线业务员帮助自己分析业务进展情况。这种开会方式，使得一线业务员在开会之前不得不做准备，而做准备的最好方式就是在具体工作中认真执行、仔细分析，而这些正是报表管理要达到的一个重要目的。同时，各位一线业务员在做好自己业务工作的同时，还要考虑到其他业务员工作中的一些具体问题，这样就可以提高他们分析问题的能力，拓宽他们的业务思路，消除他们之间的沟通障碍。再者，由于业务会议开得好，报表上的东西也就变活了，那些枯燥乏味的数字、随时变化的市场形势，都能通过业务会议变成活生生的决策分析信息，甚至能现场得出结论。

报表是销售管理最重要的工具之一,这一点谁都知道,但是报表管理确实在很多企业中执行得非常糟糕。因为很多企业只将填写报表视为员工必须完成的一项工作任务,但在绩效考核与激励过程中根本就没有关键指标,只是“胡子眉毛一把抓”。

张经理认为,管理一定要简单化,报表的填写并不只是为了管理,更多的是为了达成销售目标。一线业务员一天的工作很忙,他们应该只对销量、产品覆盖率、市场表现等关键指标负责,报表中体现出几个关键指标的相关内容就可以了。所以,他经过与管理职能部门讨论,将原来多而无用的一些表格全部废除掉,而只保留了3类表格:日拜访推进表、销售情况表、市场信息表。

启示

填写报表并不要求面面俱到,面面俱到就代表了“面面没到”,否则,一线业务员辛辛苦苦填报上来的资料,最后反而会变成很肤浅的无用的废纸。报表管理不只是销售管理的全部,一则太死太呆板,二则一线业务员的主观能动性受到很大的禁锢,同时也极易让一线业务员产生疲怠心理和抱怨情绪。所以,依据关键指标减少一些不必要的销售报表,并且多运用一些能发挥一线业务员主观能动性的方法,往往能取得更好的销售管理效果。

第一是安全，第二是安全，第三还是安全

身体是革命的本钱，员工是工作的主体，身心健康了，员工才能安心地工作；安全问题解决了，员工才能放心地工作。对管理者而言，对员工的爱在一定程度上表现为对他们的人身安全负责任。

管理者应该严肃认真地学习、全面深刻地理解、大张旗鼓地宣传、始终如一地贯彻、不折不扣地执行安全管理制度。

管理者必须把人性化管理纳入安全教育之中，从尊重、理解、关心、爱护员工入手，通过理念自塑、活动引导和赋予员工安全自主权，让员工明白安全生产是自己的事情，遵章保安是法律法规的要求，树立起“自己的安全自己管，依靠他人不保险”和“我的生命我负责”的理念，真正实现自己管理自己的安全，自己对自己的安全做主。

管理者一定要有深入调研、查找漏洞、解决问题的吃苦精神和一盯到底的坚决态度，不仅对安全管理要有定性要求，而且要制定可操作性的安全管理定量考核标准。

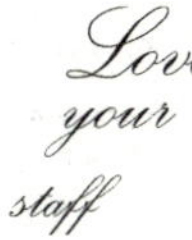

管理者一定不要把物质看得很重，只强调员工如何多生产多拿奖金，而要重视对员工进行安全基础知识和安全操作规程方面的培训。

【案例 14】辽宁铁煤集团晓明矿：爱的管理，铁的纪律

辽宁铁煤集团晓明矿本着以人为本的安全理念，确立了“爱的管理，铁的纪律”的安全管理思路，进一步提高了安全管理水平，取得了较好的效果。2008 年年初以来，这个矿消灭了轻伤以上人身事故和非伤亡列级事故。

所谓“爱的管理”，就是多为员工安全生产创造良好的工作环境，同时对那些因家中有困难、注意力不集中而无意识地违反安全管理制度的员工，努力用真爱感化他们、用教育激励他们。为实施“爱的管理”，这个矿在基层各单位开展了“五个必须”活动，即员工发生家庭纠纷，单位领导必须进行家访谈心；员工婚丧嫁娶，单位领导必须到场；员工违反安全管理制度，单位领导必须到家中劝导；员工患病住院，单位领导必须到医院看望并安排人员护理；员工生活有困难，单位领导必须积极帮助解决。

所谓“铁的纪律”，就是坚持依法从严治矿，加大对脱岗、睡觉等有意识地违反安全管理制度的员工的处罚力度，用严格的制度约束、教育、规范员工的行为。为强化“铁的纪律”，这个矿不仅重新制定了《安全生产从严管理及重奖重罚规定》，强化了安监队伍的监督、检查机制，保证了各项规章制度的有效贯彻实施，而且还进一步加强了劳动纪律和准军事化管理，加大了对违规、违纪人员的处罚力度，较好地规范了员工的安全行为，提高了企业的安全管理水平，促进了矿井安全生产。

启示

安全是企业生产的永恒主题，它没有时间性、阶段性，更没有“休整期”。对于“安全经”，管理者应该天天念、时时念。

【案例15】博敏电子：一切只为了工人

2007年11月，位于广东省梅州市梅城东升工业园的博敏电子有限公司响起刺耳的火灾警报声，一股股浓浓的烟雾从写字楼和车间里散发出来。紧接着，在博敏电子各部门负责人的组织下，员工开始有条不紊地从各个安全出口疏散到厂区大门口集合，并进行人数清点。与此同时，水管、灭火器准备就绪，对外联络也处于开启状态。安全总指挥初步了解了火灾的情况后，马上赶赴现场投入灭火指挥工作。从发现火灾，到疏散人群，到灭火完毕，只用了8分钟。

这并不是一场真正的火灾，而是博敏电子举行的从火灾到危险化学物品泄漏的应急演练。实际上，博敏电子每半年都要花费巨额资金组织这样的应急演习，并且组织安全培训，让所有员工都能掌握应急措施。这是为什么呢？博敏电子总经理助理邓宏喜说：“一切只为了工人！”

“一切只为了工人！”一句朴实的话语却折射出博敏电子以人为本的管理理念。

博敏电子创建于2005年5月，首期占地面积1.245万平方米，投资总额超过5500万元。2006年4月，博敏电子正式投产，线路板年生产能力达35万平方米。博敏电子创建伊始仅有200多名员工，到2007年11月已发展到500多名，其中有72名是大学生，110人为高中级技术人员。这样一个现代化企业，不仅生产抓得有声有色，在员工管理方面也处处体现出了人性化特点。

可以说，"以人为本"的管理理念真正被博敏电子贯彻到了实处，小到衣食住行，大到生产、环境、安全，博敏电子以有条不紊的科学管理体系让每一个员工都享受到"厂如其家"的感觉。在吃饭问题上，博敏电子将食堂纳入管理体系，直接派专人管理。员工伙食费由博敏电子和员工各出一半，要求饭菜价值不得低于总金额的90%，保证员工能吃好、吃饱。博敏电子的领导还与员工一起用餐，及时听取员工的意见、建议。在住的问题上，博敏电子免费为员工提供干净舒适的居住场所，冷热水、照明、风扇等基础设施一应俱全。此外，博敏电子还向员工开放篮球场、羽毛球场、乒乓球场、卡拉OK厅、阅览室等体育锻炼和娱乐设施，让员工工作之余能享受到丰富多彩的文化生活。

博敏电子用以人为本的管理获得了员工的信任和尊重，同时员工的工作积极性和工作效率也为博敏电子创造了大量的财富。

启示

员工的安全问题至关重要，把员工的安全问题作为关键问题考虑的企业，一定能赢得社会和员工的一致尊敬。

第四章
一起分享：和员工结成利益共同体

企业和员工是利益共同体，企业应该塑造人人平等的和谐氛围，因为企业追求经济效益的最大化与员工获得利益的最大化满足是相辅相成的。建设企业文化实质上是建立企业内部的动力机制。

企业和员工是利益共同体

在利益分配方面，企业与员工之间看起来似乎是对立的关系，因为一方多得了，另一方就会少得。但实际情况并不是这样的。那么，企业和员工之间的利益到底应该如何分配？

按照一般人的思维，企业和员工之间的关系就像是分蛋糕，如果员工分得多一点，企业就只能分得少一点。但这显然是一个思维陷阱，它将使企业和员工之间的伙伴关系沦为一种固定的、僵化的“零和游戏”。而实际上，企业的存在与发展，是离不开员工的。相应地，一个员工的发展，也是离不开企业的。企业与员工是相互依存的，两者的目的都是为了求得良好的发展，在目标上趋于一致。也就是说，两者是一个利益共同体。的确，在市场经济的今天，企业与员工之间的关系，不再是传统意义上的雇佣关系，而是一种利益共享的关系。在这个利益共同体里，企业既要重视员工的经济行为和结果，又要乐意与员工分享经营成果。员工在工作的过程中，既要追求自己的个人利益，又要帮助企业创造财富。员工实现了自己的个人利益，企业实现了财富最大化，企业与员工就结成了利益共同体。

只有把企业和员工视为利益共同体，才能转变两者之间的对立关系。也只有在企业和员工双方的共同努力下，才能将它们之间的“零和游戏”变为“增和游戏”——在员工的能力得到不断提升、智慧和创造性得到不断发挥的同时，企业的利润不断增长。而如果企业的利润年年都能增长，即便企业只拿到利润的50%，哪怕永远只拿到50%，但若基数一直在增长，这个50%就会远远比一个固定的小蛋糕的70%甚至90%还要多。所以，企业要抱持这样一种理念：共建共享，给员工他们所需要的东西，承认他们所做出的贡献并给予报酬和奖励。因为只有这样，企业才能获得更大的回报，双方在利益分配方面才能实现双赢。

【案例1】新疆石河子邮政局：建设和谐邮政企业

曾经荣获“全国文明单位”和“全国用户满意企业”等多项荣誉的新疆石河子邮政局，在面对企业和员工的利益分配问题时非常明智。

为了保证改革、发展、稳定等各项工作的稳妥实施和稳步推进，石河子邮政局以建设和谐邮政企业为目标，从企业的整体利益和职工的长远利益出发，正确引导和处理企业内部存在的各种矛盾，积极主张“企业依靠员工发展，员工依赖企业生存”，大力倡导“没有企业的发展进步，就不会有集体和员工的前途，没有企业中集体和员工主观能动性的发挥，就不会成就企业的发展与进步”的理念，形成了企业、集体、员工三者之间价值取向相一致的导向。

石河子邮政局始终坚持凡涉及员工利益的问题，不论大事小事都向员工公开，坚决维护员工的合法权益。对企业的发展目标、经营目标、基建方案和招投标、设备采购、员工奖惩办法、业务奖励政策、经营承包责任制、医疗制度管理办法等均提交员工代表大会审议。对员工关心的劳动合同、劳模评选、福利费和招待费使用情况、奖金分配方案、疗休养规定、住房公积金、养老保险金等内容也全部予以公布，不仅做到了员工希望了解的内容全部公开，不搞暗箱操作，而且架起了企业与员工之间的连心桥。

而在坚持“企业和员工共同发展、利益共享”的原则下，经过企业和员工的不懈努力，石河子邮政局率先在新疆邮政系统迈出了“减亏、扭亏、增盈”三大步——1998 年亏损 1112 万元，2000 年实现扭亏为盈。如今，石河子邮政局整体经济效益逐年提高，业务收入以年均 10.83%的幅度递增，全员劳动生产率达到 11.91 万元。

启示

古语云：“己欲利而先利人，己欲达而先达人。”只有企业与员工共建共享，员工才会深深地感到：唯有促进企业成功，才能实现自我价值。企业和员工就如同蝴蝶的两只翅膀，只有良性协调地互动，才能取得双赢，不断地飞向前方。

【案例 2】保罗·盖帝：与员工分享利润

保罗·盖帝曾经是世界首富，有一次他聘用了一位叫乔治·米勒的人，管理自己位于洛杉矶郊区的一些油田。

乔治·米勒虽然是一位很优秀的管理人才，对油田的管理也很在行，可是每次保罗·盖帝去察看油田时，总会发现一些浪费现象导致成本增加、利润降低，虽然深信乔治·米勒的才干，但保罗·盖帝对他在这方面的表现，总是觉得很不对劲，于是找乔治·米勒沟通。

保罗·盖帝对乔治·米勒说："我每次只不过在油田呆1个小时，就会发现许多浪费之处，如果能把这些浪费之处加以消除的话，油田的产量势必可以提高，利润自然也跟着增高。作为油田的负责人，你有义务把这些浪费的现象有效地控制住。"

乔治·米勒回答说："因为那是你的油田，油田的一切都和你的切身利益有关，所以你很容易看出问题来。"

乔治·米勒的这句话令保罗·盖帝心头一震，他连续好几天都在想乔治·米勒所说的这句话，最后他做出了一个决定。他告诉乔治·米勒说："从今天开始，我不付你的薪水，而是付你油田利润的某个百分比。如果油田管理得好，利润增加，那你的收入自然也跟着水涨船高。"

乔治·米勒接受了保罗·盖帝的方案，从那一天开始，这个油田的管理完全改观，不但浪费现象不见了，生产成本降低了很多，而且产量和利润都大大增加。为什么会有这样的转变呢？因为现在的油田不但是保罗·盖帝的油田，也是乔治·米勒的油田。

利润共享是指企业将部分净利润分配给员工。如果企业能和员工共享利润，其所产生的效果，肯定远大于员工只拿固定薪水。

满足员工的利益需求

任何一个员工的任何一种行为，都是这个员工的一种自我选择。他为什么会做这种选择？我们可以很容易地从他的利益中找到答案。企业不应该仅仅对员工所表现出来的行为进行约束，设置框框，或者横加指责，而应该科学地分析员工的利益，承认员工利益的合理性，并为他们提供获得满足的机会。也就是说，企业应该用能获得利益满足的机会，来诱导员工进行行为选择，而不是强制性地遏制员工的利益。

任何一个员工都是活生生的一个人，都有他自己的利益，如果不能准确地把握他的利益，并满足他的这种利益，你有什么理由一定要让他为你好好工作、努力贡献呢？他又有什么义务一定要为你好好工作、努力贡献呢？要保证员工能好好工作、努力贡献，企业不仅要及时地满足员工的利益，而且要对他们的利益进行诱导。

确实，如果在利益上满足不了员工的需求，员工也不会为企业做贡献。中国人历来以勤劳闻名，韬睿咨询公司的调研结果却令人咂舌：只有8%的中国员工被认为具有高敬业度，并且愿意为所在企业做出更多的贡献。而北京汇智卓越企业管理咨询有限公司的董事长高建华对这个“8%”的敬业数字并不吃惊。“国企肯定要低于8%,民营企业稍微好一些,但也高不到哪里去,外企可能会更高一些。”他认为导致中国员工敬业度不高的直接原因就是“利益驱动”没有得到很好的发挥。“长期以来,普遍把‘利益驱动’作为贬义词来对待,影响了员工对工作中一些正当利益的追求,这也意味着整个激励机制存在着一些问题。”他将之归结为“大环境的不成熟”。“虽然我们已经是市场经济,但很多企业不愿意承认市场经济是利益驱动,是利益的平等交换。这种环境下,企业和员工之间自然很难是一种平等的利益交换关系,这当然就无法充分调动员工为企业工作的积极性。”

如果一个员工工作积极性比较高,其中的一个重要原因就是,他的个人利益与企业利益的一致性比较高。而这种一致性来自于员工对企业共同目标和共同利益的认同,而建立企业和员工的共同价值观有利于让员工认同企业。只有员工将个人利益与企业利益合二为一,才能创造出最大的价值。

企业追求经济效益是其存在的前提,员工获得利益满足是其最终的目的,企业追求经济效益的最大化与员工获得利益的最大化满足是相辅相成的,二者缺一不可。员工的利益满足必定会带来企业的经济效益,不考虑员工个人利益而获得的企业效益是不会长久的,也谈不上真正实现了企业的经营目标。企业应该努力提高劳动生产率,最大限度地提高员工的收入。企业效益好时,员工收入要相应提高,使员工更加努力地为企业工作。企业遇到困难时,员工收入可随之减少,让员工感到自身利益与企业的命运紧紧相连。

长春客车厂是我国生产新型客车的龙头企业,近年来在激烈的市场竞争中,以其优质的产品和良好的企业形象,在机车车辆行业中树起了一面旗帜，不仅企业效益大幅度增长，员工收入也相当可观。由于员工对收入满意，两年多来，他们即使加班加点也没有任何怨言。这正是员工的满意给企业带来的效益。

具体来讲，薪酬、奖金、福利和股票期权等都是员工利益的体现。

你想买好的东西，便要出得起好价钱；你想聘用优秀的员工，便应支付对他们具有吸引力的薪酬。企业可以提倡以文化理念和价值观念来鼓舞员工的士气，但正所谓“衣食足而知荣辱”，尤其在经济行为越来越商品化的趋势下，你很难要求员工“饿着肚子干事业”，那是不可能的。

员工的薪酬高低当然主要看企业的盈亏与员工个人的业绩。但有些时候，同行业或相似行业的一般水平也是一项重要的参考数据，尤其在创业之初更是如此。首先，创业型企业并没有走上正轨，员工的业务能力和企业的整体经营情况还没有定论，所以只能参考行业平均水平。如果你需要吸引其他企业的优秀人员加盟，所支付的薪酬肯定要高于他现在的所得。这中间有一个矛盾，即在创业之初企业可能并不会盈利。因而，国外工商界的通常做法是把全体员工前 3 个月的薪酬打到筹建费用中。当然，这个时间段由于行业的特点不同而长短不一。

计酬方式一定要具有激励效应，与员工的业绩紧密挂钩，体现“多劳多得、少老少得、不劳不得”的原则。但如果采用完全浮动的方式会使员工有种赤裸裸的劳资交换的感觉，这时他们很难有安全感和归属感。因而，最好是采用完成一定工作量发放底薪、超额部分按业绩浮动的办法。这样，一方面可以让员工感到自己与企业有某种相对稳定的关系，另一方面也可以发挥薪酬的激励作用。事实上，很少有员工每月只拿底薪的，因而这种计酬方式与完全浮动的方式发挥的作用基本上是一致的，企业并没有为之多付出什么，但员工无疑更愿意接受“底薪加浮动”的计酬方式。

劳资双方关系紧张的主要原因是双方在利益分配方面自觉不自觉地站在了彼此对立的立场上。一个浅显的现象,就是如果给予员工的报酬过多,企业的盈利就会变少。因而,双方在利润分配方面便产生了一种斗争性,甚至到了锱铢必较的程度。如果你陷入了这一误区,那么可以预言,不等你炒员工的"鱿鱼",就会有许多员工炒你的"鱿鱼"。

其实,如果你静下心来想一想,就会发现上面这种观念是假设在"零和"前提下的。所谓"零和",是指利益各方面的总量为定值,这样你多一个单位,我便少一个单位,双方变化的代数和为零。如果在利润额既定的情况下,你的确是和员工进行着一场"零和游戏"。但你想过没有,是否应该增加这个代数和呢?比较好的利益分配方式当然是通过总额的增长来增加双方的收入,因为"增和游戏"要远比"零和游戏"好玩得多、轻松得多。

应该说,在利益分配方面,员工和企业对于规则的理解是不同的,员工认为薪酬是对自己上一期工作的衡量,而企业更看重对下一期工作的激励。你应该知道,一个等值数列的70%或者90%,长期会远远低于一个递增数列的50%。

所以,在支付员工薪酬时,你一定要牢记员工的利益也正是你的利益所在。你一旦认识并认可了这种观念,你所获得的利润将远远大于你所付出的薪酬。

【案例3】沃尔玛:员工是合伙人

沃尔玛公司曾连续3年在美国《财富》杂志全球500强企业中居于首位。如果把沃尔玛公司比做一个国家,它的收入介于乌克兰与哥伦比亚两国之间，可列为世界第 32 位。沃尔玛公司也是世界上拥有雇员最多的企业，约有 195 万名雇员，分布于全球 14 个国家。沃尔玛公司同时也是美国、加拿大、墨西哥等国雇员最多的企业，它在美国的零售额占零售业收入的 8.9％。

在沃尔玛公司，管理者必须以真诚的尊敬和亲切对待员工，不能靠恐吓和训斥来领导员工。创始人萨姆・沃尔顿认为，好的管理者要在待人和业务的所有方面都加入人的因素。如果通过制造恐怖来经营，那么员工就会感到紧张，有问题也不敢提出来，结果只会使问题变得更坏；管理者必须了解员工的为人及其家庭，还有他们的困难和希望，尊重和赞赏他们，表现出对他们的关心，这样才能帮助他们成长和发展。萨姆・沃尔顿自己就是一个好表率。美国《华尔街日报》曾报导，沃尔顿有一次在凌晨 2 点半结束工作后，途经公司的一个发货中心时和一些刚从装卸码头回来的工人们聊了一会，事后他为工人们改善了沐浴设施。工人们都深为感动。

沃尔玛公司对员工利益的关心有一套详细而具体的实施方案。沃尔玛公司将“员工是合伙人”这一概念具体化为 3 个互相补充的计划：利润分享计划、员工购股计划和损耗奖励计划。1971 年，沃尔玛公司开始实施第一个计划，保证每个在沃尔玛公司工作 1 年以上以及每年至少工作 1000 个小时的员工都有资格分享公司利润。沃尔玛公司运用一个与利润增长相关的公式，把每个够格的员工的工资按一定百分比放入这个计划，员工离开公司时可以取走这个份额的现金或相应的股票。沃尔玛公司还让员工通过工资扣除的方式，以低于市值 15％的价格购买股票，现在沃尔玛已有 80％以上的员工借助这两个计划拥有了沃尔玛公司的股票。另外，沃尔玛公司还对有效控制损耗的分店进行奖励，使得沃尔玛的损耗率降至零售业平均水平的一半。

启示

沃尔玛的员工不是“雇员”，而是“合伙人”，可以分享公司利润，他们自然会全心全意地投入工作，为公司也为自己谋求更大的利益。

【案例4】削减福利时千万别牺牲了员工满意度

位于美国弗吉尼亚州的RedPeg公司是一家体验式营销企业，与大部分公司一样，RedPeg一直为员工提供良好的福利。除对表现优秀的员工进行嘉奖之外，该公司还为员工提供早餐，每年举办四子棋比赛，并且在午休时间提供各种培训课程。只要打开公司里的冰箱，员工就可以随意享用爽口的冰啤酒。

RedPeg的联合创始人布拉德·尼伦伯格在员工福利上慷慨大方、远近闻名。他用每年1.7万美元的价格在特拉华州的一处海滩租下一栋三居室的住宅，供公司48名员工度假使用。尼伦伯格说：“即使经济不景气，我也会保留很多福利，这栋住宅就是其中之一。”尼伦伯格也会削减某些员工福利，比如取消了可以免费使用1个月的奔驰车（连油费都由公司负担），因为他觉得这笔钱花得不值。过去每到夏天，员工可以享受一定数量的额外周五假期，但随着公司经营情况刚从过去几个季度的停滞期中走出并逐渐得到改善，急需抓紧时间收复失地，这项福利也被取消。尼伦伯格说：“你当然可以取消已经存在的福利。如果某种福利影响了经营，必须取消它。”

位于美国明尼苏达州的某技术管理公司在2007年运营良好，但2008年没有那么好。“这是艰难的一年，我们的增长没有2007年那么快。”该公司的CEO兼联合创始人里奇·安德森说。员工士气正在下降，所以从2008年秋天，安德森开始每周做调查，并绘制图表来跟踪员工士气。他也跟公司的25名员工都谈过话，并告诉他们真相：无论从何种角度来说，公司并未处于危险之中，但2008年不是一个好年份，这意味着奖金和津贴都将更少。

安德森和斯蒂芬·维勒共同创办了这家已经有7年历史的公司，现在俩人都密切关注公司的预算。安德森认为，服务型公司75%的成本都与工资有关，不定期拜访客户的费用也占到了一些比例。后来，安德森要求员工猜测公司在2008年分别赢得和失去了多少客户，一个富有启发性的时刻便降临了。“团队中的每个人都低估了形势。”他把公司新客户的名单以及老客户的名单都贴在墙上，提醒员工注意每天的变化情况。员工了解了公司状况后，士气也开始上升，到2008年年底，该公司实现了200万美元的销售额。

管理者不应担心是否该削减福利，应该担心的是，做这些事情时，有没有全体员工的参与，能不能维持员工满意度。安德森警告说：“一旦你做这些决策时没有员工参与，他们会有逆反心理，并且产生抵触。如果他们想要离开，会将它作为理由。如果你让他们参与，他们会支持这一决定，他们会继续支持自己过去曾经努力服务过的公司。”

在企业内部设立与良好的员工沟通的机制，可以帮助你预见企业削减福利时员工将作出何种反应，哪些员工将受到最大的影响。企业还必须决定以何种新的低成本福利来取代。

当然也有人说“取消已经推出的福利可不是好主意”，因为员工已经习惯了这种福利的存在，而你突然夺走他们所期待的东西，这会激发员工的强烈反抗和愤怒情绪。Google在这方面就曾经有过惨重的教训。2007年春天，Google宣布将公司内设的托儿所费用提高75%，有孩子

的员工对这个决定非常不满，有消息说一些人当时就哭了起来。最后Google不得不降低收费并用1年多的时间来逐步完成调价，但员工士气损失的代价该怎么算呢？美国人力资源管理协会首席知识官戴博·科恩认为："只要人们突然失去现在正在享有的某种东西，就会令他们非常失落。"

这个时候，企业就应该仔细分析福利之间的差别并采取适当的措施。某些福利是与员工生活息息相关的，比如保险、托儿和弹性工作制；也有些福利是无关紧要的，比如周一的免费早餐，这些并不会引起员工的激烈反应。"没有人会因为失去免费咖啡或小点心而辞职。"著有《1001种员工奖励方法》一书的管理咨询师鲍勃·尼尔森说："但你还是要面对一定的风险，如果员工开始忧虑公司是否已经连这点咖啡钱都付不起，这种恐慌肯定会导致危机。"

启示

吝啬不一定是最有效的省钱办法，大方也不一定就是一味的乱花钱。企业要根据实际状况适当地增加或者削减某些福利。在经济不景气的情况下，维持人心至关重要，削减福利时千万别牺牲了员工满意度。

有效激励，充分授权

激励是员工管理的核心，适度而有效的激励，可以在最大程度上激发员工的工作主动性和积极性。管理者千万不要吝惜金钱，更不要吝惜赞美和夸奖之辞，而要不失时机地将物质激励和精神激励有机地结合起来。企业需要的是员工 100％的投入，管理者应该充分授权给员工，因为只陶醉于权威与权力的光环中不愿意授权的管理者，不可能培养出优秀的员工。

员工工作勤恳卖力，业绩一天强过一天，这时候，作为管理者，你可千万不要吝惜金钱，更不要吝惜赞美和夸奖之辞，而要不失时机地对员工进行物质激励和精神激励，使他们觉得多付出一份汗水，就会多一分收获。

汽车油箱里的汽油一旦用完，汽车就需要人推着才能行走，而没有人的推动，汽车很快就会停下来。但是，如果油箱中的汽油一直是满的，发动机就能不停地驱动汽车前进。现今社会，更多的人似乎希望有一种外力可以使自己和周围的人朝着预定的方向前进。但是，凡是由外力促成的行为，其持久力都不会很强。如果人有一种来自于内心的动力，其行为的持久性就会明显增强。

员工和激励的关系也是如此。如果不激励员工，员工就很难行动起来，更不可能鼓起干劲，也就难以发挥潜能。反过来，如果员工不停地受到激励，他们就能不断地向前进。

物质激励：用银弹征服员工

物质激励主要包括薪酬激励和股权激励两种形式。

薪酬激励是企业目前普遍采用的一种激励手段。虽然薪酬是激励员工的一种有效手段，但由于薪酬会直接影响员工的工作情绪，使用不好反而会造成负面影响。有效的薪酬激励则是相对于传统的利用工资、金钱等外在的物质因素来促使员工完成工作任务而言的，它更多地从尊重员工的“能力”、“愿望”、“个人决策”和“自主选择”的角度出发，从而能更好地促进员工个人利益与企业利益的一体化。

管理者要想科学合理地制定出有效的薪酬激励制度，必须遵循以下4个原则：

第一，公平至上。一方面，管理者要使员工享受平等的权利和义务；另一方面，管理者必须秉公心、去私虑。

第二，实事求是。薪酬激励要讲究实事求是的原则，否则，就发挥不了薪酬激励应有的作用。

北京有一家企业为了鼓励销售人员提高业绩，在销售人员之中实施奖励以推动竞争，从而扩大企业利润。业务员王建与销售经理私交不错，但其销售业绩不怎么样，但为了取得奖金，他虚报账目，利用销售经理对自己的信任，骗得了奖金。销售经理也没有进行调查研究，就发给了他奖金。事后，业绩较好的员工知道了实情，心中很是不满，积极性大减，极大地影响了销售业绩。最后公司不但没有实现奖金激励的目的，反而销售收入大减。分析原因，就是作为管理者的销售经理在实施奖金激励时没有做到实事求是。

第三，遵守法律。无论你在国企、民企还是私企、外企，在制定薪酬激励制度时，都必须符合国家和当地政府制定的有关法律、法规和行政规定。

第四，适度适量。一些大企业，在设计薪酬方面从不惜成本，不讲策略，以为这样就能很好地留住人才和激励员工。其实这种做法并不科学，不仅减少了企业的利润空间，同时也起不到激励员工的目的。因此，管理者在制定薪酬激励制度的时候，一定要明白，工资、福利的增长是一个循序渐进的过程，只有逐步增加才能取得激励效果。另外，在同一个岗位上，要设定若干级别，以保证员工在同一岗位上具有上升空间。

有效的薪酬激励一般由以下 3 个要素构成：

第一，基于岗位的技能工资制。基于岗位的技能工资制是岗位工资体系上的创新，是一种强调个人知识水平和技能、推动员工通过个人素质的提高实现工资增长的一种工资体系。不同于岗位工资体系，单纯根据岗位本身的特征来决定岗位承担者的工资额，基于岗位的技能工资制是将岗位承担者所担任的工作内容和完成工作时能力发挥的程度，作为决定工资多少的关键因素。在这种工资体系下，一方面，企业对知识水平高、能力强的员工的吸引力大大加强，同时也减少了这类员工从企业流失的可能性；另一方面，也可以激励员工不断提高自身的能力，从而为企业做出更大的贡献。

第二，灵活的奖金制度。相对于工资而言，奖金的主要目的是在员工为公司做出特殊贡献时给予激励。为了体现奖金发放的灵活性，企业应该遵循以下两项原则：

（1）割断奖金与职位之间的“脐带”

企业应该废除奖金多寡与职位高低联系的做法，使奖金的发放与职位高低脱离，给员工更多的不需要提高职位就能增加报酬的机会，让奖金真正起到激励的作用。

（2）奖金的可逆性

企业不能把奖金固定化，否则员工会把奖金视为理所当然的收入。那样的话，奖金就沦为了一种“额外工资”，起不到激励作用。企业应该根据员工的表现随时调整奖金数额，让员工有成就感，更有危机感，从而鞭策员工做好本职工作。

第三，自助式经济性福利体系。在兼顾公平的前提下，企业应该将员工享受的经济性福利与工作业绩密切挂钩，其目的在于激励广大员工力争上游，从体制上杜绝经济性福利平均化的弊端。

一般来说，经济性福利可以分为以下几类。

1）额外收入：节假日加薪、优惠实物分配等。

2）超时薪酬：超时加班费等。

3）饮食性福利：免费供应午餐、误餐补助等。

4）教育培训性福利：脱产进修、短期培训、员工子女入托补助等。

5）医疗保健性福利：免费为员工进行例行体检、打预防针等。

6）住房性福利：以成本价向员工出售住房、发放房租补贴等。

7）交通性福利：为员工提供免费班车，为员工报销公共汽车月票等。

8）带薪休假：节日、假日以及年假、探亲假、等带薪休假。

9)金融性福利:家庭特困补助,家庭红白事慰问金、抚恤金,为员工购买住房提供公积金、低息贷款等。

10)文化性福利:组织集体旅游,提供疗养机会,购置体育锻炼设施等。

11)保险性福利:意外伤害保险、失业保险、养老保险、工伤保险、医疗保险、大病统筹等。

股权激励是近年来管理界的流行语,主要包括以下两种形式:

第一,员工持股。一个标准的员工持股计划的主要内容应包括:①工作满1年;②股份或股票分配以工资为依据,兼顾工龄和工作业绩;③员工持有的股份或股票由托管机构负责管理;④达到规定的时间和条件要求,员工有权出售自己持有的股份或股票。

第二,股票期权。股票期权是指企业在规定的期限内以计划开始执行时的固定价格将一定数量的股票卖给员工,员工可以在规定的期限内根据当时的股市行情决定买与不买。如果员工在规定期限内离开企业,则股票期权无效,因此,股票期权只能在股票增值和员工长期为企业工作的情况下才有意义。

【案例5】诺基亚:富有竞争力的薪酬体系

对电信业来说,诺基亚是一个令人折服的传奇:一个以造纸起家的芬兰小公司,历经130多年,非但没有为时代所淘汰,反而一举走向世界,从摩托罗拉和爱立信等老牌电信巨头手中夺过了手机行业老大的宝座。在中国,诺基亚更是如日中天,不但以独占鳌头的市场占有率傲视群雄,而其内部薪酬制度更是富有竞争力。

诺基亚认为，优秀的薪酬体系，不但要求企业进行公平合理的绩效评估，更要在行业内表现出良好的竞争力。比如，如果行业内A层次的员工获得的平均月薪是10 000元，而诺基亚付给企业内A层次员工的月薪只有8000元，这就很容易造成员工流失，这样的薪酬体系是没有行业竞争力的，于是，诺基亚付给企业内A层次员工的月薪是12 000元。

然而这里又存在一个问题，如果企业员工的薪酬水平远高于行业内平均水平，企业的运营成本就会居高不下，企业的盈利能力就会削减，这同样也是不利于企业发展的。

如何解决这一矛盾呢？诺基亚是核心员工管理理论的推崇者，我们从其薪酬体系中就可以明显地发现这一点。例如，诺基亚的薪酬比较率明显地随级别升高而递增：在3～5级员工中，其薪酬比较率为1.05；而在更高一层的6级员工中，其薪酬比较率为1.11；到了7级员工，这个数字提高到了1.17。也就是说，越是对企业有贡献的员工，其薪酬比较率就越高。这样，就确保了富有竞争力的薪酬体制能留住企业的核心员工。

上述两方面使得诺基亚的薪酬体系具有一个明显的特征，那就是：级别越高的员工，其薪酬就越有行业竞争力。这不仅让高层人员的稳定性有了较好的保证，有效地避免了高层人员动荡带来的伤害，而且也使得诺基亚的发展战略保持了良好的稳定性，而这对于诺基亚的持续发展来说是至关重要的。

如果说以上是核心员工管理理论在其薪酬体系中的灵活应用，让人感受到一种来自理性方面的优越，那么诺基亚在薪酬体系中表现出来的本土化与人性化的元素，就足以让人享受到一份来自感性方面的欢畅。

诺基亚是一个典型的跨国公司，其现金福利的发放虽然不算一个大数目，却完全是按照中国传统的节日来设计的。其中体现出的对中国文化的理解，让中国员工有被尊重与被照顾的感觉。而生日现金福利的发放，更是让员工感受到细致入微的个性化体贴。

“以人为本”，诺基亚不但这样说了，也的确这样做了。这套兼具理性与感性的薪酬体系，就是诺基亚文化的一次完美表现。它深刻地展示出：诺基亚 130 多年的传奇并非偶然，严谨的态度和宽容的文化也是其成功的重要因素。

【案例 6】IBM 公司：非同一般的激励

在制定员工的薪酬福利制度时，IBM 公司把薪酬福利同员工的业绩以及公司策略等联系起来，通过实施相应的薪酬福利政策来诱导员工的行为，激励员工创造更好的业绩。

IBM 公司规定，员工获得加薪主要取决于以下几个因素：第一，员工所做的工作本身对企业或者本部门的价值是怎么样的，这项工作在市场上的薪资水平如何，做这项工作需要什么样的技能、技巧；第二，员工所在的职位对公司业绩产生的影响是大还是小，是直接的还是间接的；第三，员工自身的学习能力如何；第四，员工的工作态度如何，认真负责的工作态度是支持一切的基础。

IBM 中国公司每位员工的所有工资、奖金都是高度保密的，员工之间互相不知道也不会问对方拿了多少钱。除了享受年终的三重奖励外，作为公司管理层可以持有股票并且有权参与分红。如今，IBM 中国公

司加快了本地化步伐，将会有越来越多的员工持有股票。从整体上来说，目前这种激励机制比较公正、公平，并且能有效激发员工的工作积极性。

IBM 中国公司把年终奖划分为三个部分：第一部分是“双薪”，即每位员工都在年终多发放 1 个月的工资；第二部分，除了每年公司组织一次员工外出旅游度假之外，年底还发放大约 1 个月的工资作为员工外出旅游的费用；第三部分是真正的“奖金”，它主要根据员工过去 1 年的工作表现来发放，每个员工的年终奖一般为月工资的 3 倍左右，当然，那些工作业绩特别出色的员工得到的回报远不止这些，甚至有可能是月薪的 10 倍；而那些表现不好或者没有完成业绩目标的员工，不但拿不到奖金，连平时的工资都会被扣除一部分。

为了激励科技人员的创新欲望，促进创新成功的进程，IBM 公司在公司内部采取了一系列别出心裁的激励措施：对有创新成功经历者，不仅授予“IBM 会员”资格，而且提供 5 年的时间和必要的物质支持，从而使其有足够的时间和条件进行创新活动。对于那些优秀的创新者，这种激励制度不仅是一种物资报酬，一剂强有力的促进剂，也是一种最经济的创新投资手段，它使创新者获取了自主权，这种自主权主要表现在以下几个方面。

1)有选择自己所追求的创新的权利。一个员工如果没有充分的时间和资金去追求创新，他就不能自由地选择怎样行动，必须等待公司批准。

2)有犯错误的权利。没有自己的资金，一个员工就要为自己的错误向别人负责；有了自己的资金，他就只需要向自己负责。

3)有把由成功带来的财富向未来投资的权利。

4)有通过自己的勤奋获得利益的权利。

启示

良好的薪酬福利制度使IBM公司获得了员工的真心效力，同时也有利于IBM公司留住那些优秀的和企业急需的人才。而IBM公司针对优秀的创新者推出的激励措施，不仅使他们追求成功的心理得到满足，而且还促使他们为公司的投资能得到回报而更加努力地去进行新的创新。

【案例7】CA公司的员工福利

作为全球最大的IT管理软件公司之一，CA公司有好的福利，但却不浪费，大部分的家具、办公桌椅都是旧的。美国国家广播公司曾称CA公司的总部“俭省”，没有新家具，但CA公司却提供免费早餐、一流的健身中心与完善的托儿中心。

自1976年创业开始，CA公司的创始人王嘉廉每天都与几位创业伙伴共同分享免费早餐。虽然后来CA公司不断发展，员工逐渐增加，但免费早餐始终没有中止过。免费早餐让CA公司全世界150多个分公司的10 000多名员工得到了实惠，CA公司一年花在早餐上的预算就超过1亿美元。

CA公司的员工健身中心内均是一流的运动器材，比社会上一般健身中心的设备还要先进。中心设有篮球场、回力球场、有氧舞蹈教室，员工可以免费使用。另外，从星期一到星期五，中心还提供功夫、体能训练等不同的课程。这一员工福利深得人心，有一位华裔员工甚至表示，他就是因为喜欢 CA 公司的员工健身中心才一直呆在 CA 公司的。

对于双职工家庭，照看孩子是件最头痛的事情。CA 公司为此专门建立了完善的托儿中心，其给人的印象是：“宽大”、“安全”、“现代化”、“舒适”与“令人羡慕”。托儿中心有色彩鲜艳的地毯，环境有如儿童乐园，置身其中，能马上令孩子感到开心。每一间教室都有门可以直接通往室外游乐场，游乐场内有滑梯、脚踏车道、野餐区等。托儿中心还设有电脑学习中心、厨房与洗衣间，设备十分齐全。每逢午餐时刻，员工可以与孩子一起用餐，以增进感情。

CA 公司为员工提供的福利，不仅解除了员工的后顾之忧，更进一步促进和提高了员工的工作效率。

精神激励：用情感留住员工

激励有多种形式，并非一定是物质激励，管理者也可以运用精神激励激发员工的工作热情。

精神激励是指通过关心、尊重、信任等手段来满足员工精神上的需求，从而激发员工的工作热情，达到激励的效果。精神激励能够弥补物质激励所造成的不利影响，能让激励的作用更充分地发挥出来。因为物质激励很难在员工的内心深处形成持久的动力，而且单纯地强调物质激励，也会削弱员工对工作的意义和价值的追求。而精神激励不仅可以调节员工的认知方向，规范员工的行为，而且可以提高员工的责任感和使命感，从而增强企业的凝聚力和向心力。

为什么有些员工精神委靡、工作积极性不高？为什么不少企业都重视用物质方式来激励员工，但效果往往并不理想？因为对许多员工来说，他们面临的是职业心理健康问题，而管理者很少给予他们精神激励。

职业心理健康是指员工在工作场所或工作状态中的心理健康状态。常见的职业心理健康问题，主要包括：由工作引起的压力反应、情绪抑郁、职业倦怠，以及由此所导致的身心健康问题或者生活当中的心理困扰在工作当中的体现。来自国家安全生产监督管理局的数据表明，我国企业员工现在面临的压力越来越大，每天会产生 5000 个职业病人，而企业每天都会因此而遭受 2000 万元的损失。

一项关于职业心理健康的调查显示，在 7476 名来自于全国各地不分年龄、收入、地位和学历的在职人士中，99.13%的被调查者受到"压力"、"抑郁"、"职业倦怠"等职业心理问题的困扰；56.56%的被调查者渴望得到心理咨询，但却从未尝试过；79.54%的被调查者意识到"职业心理健康"影响到工作。这项调查还表明，仅有 2.07%的被调查者认为自己所在的企业关注员工的心理健康。

实际上，关注员工的心理健康是一种"精神福利"和精神激励，这样做不仅能给员工带来好处，也可以增强企业的凝聚力。对于管理者来说，要想解决员工的职业心理健康问题，就有必要对员工进行爱抚管理。

爱抚管理是指将企业管理的关注点从员工的工作内容、工作方式和工作效果转向员工的思想和心理，以缓解员工的心理压力。爱抚管理的内容主要包括以下几个方面：①价值观管理；②安全管理；③累积创伤失调管理；④工作场所暴力管理；④健康和卫生管理；⑤紧张情绪管理；⑥酒精滥用管理；⑦药品滥用管理；⑧其他不良嗜好管理。

为了有效地实施爱抚管理，管理者可采取以下措施：

第一，将伦理道德融入到企业的日常管理之中。

第二，将卫生保健制度纳入到企业管理制度之中。

第三，改变员工不良的生活习惯。

第四，增加心理健康咨询活动，提供各种身心健康服务。

第五，重视对人类工程学的应用。人类工程学是关于人与工作环境如何相互作用的科学。合理运用人类工程学，不仅能提高员工的劳动生产率，而且可以防止员工出现心理健康障碍以及某些与工作有关的紧张情绪。

第六，实施员工援助计划（employee assistance program）。员工援助计划是指企业为员工设置的一套系统的、长期的心理健康福利与支持项目。员工援助计划通过专业人员对员工及其直系亲人提供的专业指导、培训和咨询，帮助员工解决各种心理健康问题，提高工作绩效。完整的员工援助计划可以分成3个部分：一是处理造成员工心理健康问题的外部压力源，消除或减少不适当的环境因素；二是处理压力所造成的反应，缓解和疏导员工情绪、行为及生理等方面的症状；三是改变员工不合理的信念、行为模式和生活方式等。

作为管理者，除了关心员工的心理健康之外，你还可以采取以下各种方法对员工进行精神激励：

1)在开会时或者其他场合，给予工作表现出色的员工书面或口头上的赞扬。当然，这种赞扬必须是由衷的赞扬，而不是冠冕堂皇地随便应付几句。

2)让那些为企业立下汗马功劳的员工和你一起分享成就和荣耀。

3)在平日的工作中，鼓励员工对企业的发展提出意见、建议及构想，甚至鼓励他们提出和你完全相反的意见。

4)邀请员工参加重要会议，并鼓励他们发表自己的想法。这样，他们就会自觉不自觉地将自己的命运和企业的命运紧密地联系在一起。

5)给员工创造参与新工作任务的机会，积极鼓励那些尽力帮助企业摆脱困境的员工。

6)经常抽空和员工一道吃饭、喝咖啡或者聊天，和他们建立起良好的关系。这种方法花不了你多少金钱与时间，其作用却是巨大的，它会使员工对你更加信赖。

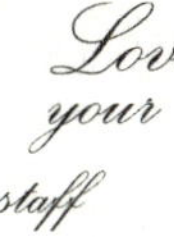

7)经常和员工畅谈人生理想和目标，并鼓励他们树立远大的理想和长远的目标。

8)如果有机会，就将员工介绍给企业高层管理人员。

9)鼓励员工学习新知识和新技能，以实现他们的个人理想。

10)了解员工在工作之外的表现，当他们实现了自己的人生目标时，应该给予赞扬和认可。

11)举办不定期的聚会，如中秋节晚会、元旦前的野餐活动、重阳节的爬山活动、庆功会等。

12)如果你的员工过生日，就送上一张精美的明信片、几句祝福问候语、一次简易温馨的生日宴会等。

13)真诚地说声“你辛苦了”、“谢谢你”、“你真棒”、“这个建议太好了”。一句话可能比100元的奖励更有效。

14)一个认可与信任的眼神，一次祝贺时忘情的拥抱，一张鼓励员工的便条或感谢信，一件小小的礼物，一条短信的祝福，可能比年终的模范证书更重要，因为这些都出于你对员工的一颗真诚之心。

15)年终时组织一次员工亲属年会，感谢亲属一年来的支持与关心，汇报一下企业业绩及来年目标。

为了更好地激励员工，管理者必须将物质激励和精神激励有机地结合起来。为此，管理者要注意以下几个问题：

第一，物质激励和精神激励各有侧重，应因时、因事、因人制宜。两种激励结合时，必须有主有辅，对此，管理者要灵活掌握，不可机械、刻板地予以规定。精神激励是一种高层次激励，能起到平衡的作用，控制和调节员工对物质利益的追求。当一个员工思想觉悟、道德修养水平较高时，在精神激励的作用下，他可以放弃自己对某些物质利益的追求或为了某种需要将物质奖励让于他人。但是，对大多数员工来说，如果不能满足他们最基本的物质需求,仅靠精神激励是难以调动其持久旺盛的积极性的。这时,物质生活的改善、物质激励的施行就显得尤为重要。员工工作的时间、地点、动机是千差万别的,员工的思想道德水平也是变化多样的,管理者要根据这种差别和变化,搞好两种奖励的结合,并各有侧重,切忌"单打一"。

第二,注意员工对物质奖励和精神奖励的新要求,不断改变和发展激励的内容和形式。随着生产力的发展,员工的精神需求和物质需求的标准越来越高,如果再遵循过去的激励标准,发几元奖金,发个口杯、脸盆或者发一张奖状,出一个光荣榜,显然不能满足员工的需求。管理者既要防止员工盲目攀比,帮助员工正确评价奖励的价值,同时又要在可能和允许的情况下不断发展和丰富激励的内容和形式,以提高激励的吸引力和促进力。

第三,改变精神激励颁发的单一性和照顾性,提高精神激励的效率。在分别实施物质激励和精神激励时,管理者往往比较重视物质激励的内容和形式,而实施精神激励时明显地表现出单一性和照顾性。比如,某些企业开展劳动竞争,对优质高产者予以物质激励是不含糊的,但对思想作风表现良好者的奖励却显得过于单薄,不是光荣榜,就是纪念册,毫无新鲜感;有时,给予精神激励也仅仅是为了照顾那些未能获得物质奖励的员工,而且照顾面过宽。这种情况下,那些获得精神激励的员工并不会感到光荣,精神激励的积极作用也就不能发挥出来。

【案例8】温州民企:"精神福利"暖人心

让员工找心理咨询师,毫无顾忌地宣泄对同事的抱怨、对工作的厌

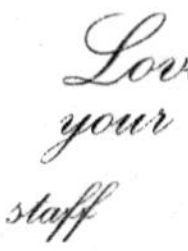

倦，甚至个人感情的变故……这些过去在企业中最忌讳的事情，如今被一些温州民营企业当成“精神福利”提供给员工。

在温州，“精神福利”正成为民营企业关爱员工的新方式。红蜻蜓集团的“阳光咨询室”、康奈集团的“新温州人情感交流站”、正泰集团的“阳光服务室”相继挂牌成立。

民营企业云集的温州，外来务工人员达200多万，他们的心理健康状况同样不容乐观。红蜻蜓集团曾对行政人员做过一个压力测试，对收上来的18份表格进行分析：有6个人感觉筋疲力尽，需尽快调整；3个人状态一般，需适当调整；9个人心理状态良好。

康奈集团在对员工进行了一次心理健康调查后，总结出了导致员工出现心理障碍的九大问题，包括工作压力大、对工作岗位不适应、失恋等个人情感挫折、与上级和同事之间人际关系紧张、意见难以沟通、家庭生活困难等。

随着对员工心理健康与企业效益之间关系的重视，温州的一些民营企业开始采取设立内部心理咨询师、聘请外部专业机构和心理健康培训机构搞讲座等方式，帮助员工缓解工作压力、改善工作情绪、提高工作积极性、妥善地处理人际关系。

多数员工先是抱着试探、好奇的心态来到心理咨询室，他们一开始还有点儿设防，一般从身体不适谈起，当心理咨询师让他们感受到安全的时候，他们会逐渐深入话题——工作中紧张的人际关系、职业发展的迷茫，以及家庭感情的变故、子女教育的困惑等。

来自湖北的谢作武进入红蜻蜓集团人力资源部以后，发现自己的工作压力越来越大，工作和情绪越来越不稳定，严重的时候经常失眠，食欲不好，心情特别压抑和郁闷。他在与心理咨询师“聊天”的过程中，认识到自己应该主动和领导沟通、交流，主动让领导知道自己的想法和工作上的观点。当天晚上，他就睡得很好。过了两天，他就主动去找人力资源部经理沟通了。

启示

只要是人，就有可能产生心理健康问题。关注员工的心理健康，不仅可以帮助员工缓解精神压力，而且有利于提高生产效率。

【案例 9】台积电：追求物质和心灵并重

台湾积体电路制造股份有限公司于（简称“台积电”）1987 年在台湾新竹科学园区成立，是全球规模最大的专业集成电路制造公司。由于台积电是一家高科技公司，因此其员工的工作时间长、精神压力大，家庭生活、社群生活慢慢被压缩。为了帮助员工平衡工作和生活，台积电实施了员工援助计划。

台积电实施员工援助计划的目标是追求物质和心灵并重，努力营造工作与生活融合的舒适环境。时间是员工最宝贵的资源之一，为了节省员工去医院排队看病的时间，台积电建立了员工健康中心，员工可以在这里经由网络预约挂号后，按约定的时间看病而无须排队。员工中女性比例占了 52%，为了满足女性员工的需要，台积电特意设置了哺乳室、托儿所。除此之外，台积电的员工援助计划还包括以下各种各样的内容：各类员工社团活动、驻厂洗衣服务、急难救助、员工交通车与厂区专车、员工休闲活动中心、健康讲座、员工子女夏令营、心理咨询、法律咨询、婚姻咨询、家庭咨询等。

心理咨询方面，台积电早期的做法是引进专业心理咨询师，但后来他们发现员工希望能以更隐密的方式走进咨询室，于是他们和“新竹生命线员工协助中心”合作在公司外部设置咨询中心，让员工直接打电话去预约、咨询。整个咨询过程，台积电都不会介入，他们只要知道有多少人次做过咨询、男性和女性的比例、主要咨询哪些问题就可以了。

2000 年 10 月 31 日发生的新航空难事件中，恰巧有台积电的一位员工正和他的新婚妻子搭乘该班机去度蜜月。当时，他曾一度被判定生命危急，后来虽经抢救脱离危险，但整个人的面部和脊椎受到严重损伤。于是，台积电每个星期都安排人员去探望他，让他不断感受到关怀，激发他继续走下去的毅力与勇气。过圣诞节时，因为他和他太太住在不同的医院，已经 1 个多月没有见面，所以台积电特别为他和他太太安排了圣诞晚会。他过生日时，台积电又送去了蛋糕，让他与他的父母一起庆生。当这位员工返回工作岗位后，台积电不仅针对他的特别需要调整其工作环境与内容，还特别给了他一个比较方便的停车位。

在发展的各个阶段，企业都可以实施员工援助计划。只要企业将员工的问题当做自己的问题，真正用心去解决，自然会赢得员工的归属感和忠诚度。

【案例 10】阿瑟·列维：精神激励的力量

为了研制闭路电视，美国斯凯特朗电视公司的总裁阿瑟·列维聘用了一位颇有才干的青年技师比尔。比尔上班以后，整天呆在实验室里，一干就是1周。在工作最紧张的时候，比尔一连几天都没离开实验室，连饭都是别人给他送的。实验告一段落后，疲惫至极的比尔好像老了10多岁。他倒头就睡，过了一天一夜才醒过来。

看到因休息不足而眼窝深陷、神情疲乏的比尔，列维非常感动，同时也很内疚。他拉着比尔的手，直诚地说："我希望你改变一下工作方式，否则，我决定停止闭路电视的研制工作。"

"为什么?"比尔一时有些迷惑不解。

列维心疼地说："因为像你这样不分昼夜、不顾性命地工作，不等新产品问世。你就垮了。我宁愿不做这种生意，也不能赔上你这条命。"

顿时，比尔身上传来一阵电流，他被总裁的真诚关心深深地感动了。他说："不会的，我已经习惯了，凡是搞我们这种研究工作的人都这样，已经习惯了。"

列维听了这话，眼泪都快流下来了，他有些伤感地说："是的，搞研究的人少有长寿者，但我希望你能节制一点。虽然我们相处的时间不长，可我知道你已经竭尽全力了。对我来说，这就足够了，就算研究不成功，我也不会责怪你，你也用不着为此而自责。"

此时比尔更加感动了，他萌发出一种愿为列维"赴汤蹈火"的豪情和勇气。这以后，他一如既往、夜以继日地工作。不到半年，闭路电视终于研制成功。这项新技术的问世，为美国斯凯特朗电视公司的进一步发展奠定了坚实的基础。

精神激励有时候比物资激励更有效，精神激励能够弥补物质激励所造成的不利影响。

充分授权给员工

将某一项具体工作从你手上传递到员工手上，就是授权。这种授权可以只是一次性的，也可以是长期的。

福特公司的马克·梅苏纳认为，企业需要的是员工100%的投入，不仅仅是他们的身体和智力，还有他们的激情、创新。当管理者对员工授权的时候，他们会更加投入。有一次，流水线上出现了一个制造问题，两名年轻的工程师主动找到梅苏纳申请一个解决问题的机会。他给了他们一个机会，并让一个富有经验的高级技工给他们做顾问。结果他们解决了这个问题，并且将这个解决方案写入生产流程，从而创造了2500万美元的利润。这个成功的案例启发了梅苏纳，他启动了更多由年轻工程师管理者的工艺流程改造方案。

作为管理者，你应该像梅苏纳一样授权给员工，因为只陶醉于权威与权力的光环中，不愿意授权的管理者，不可能培养出优秀的员工。

《汉书·东方朔传》中说："用之则为虎，不用则为鼠。"意思是说，一个人如果得到重用，被授予权力，就会成为像猛虎一样强而有力的人；如果一个人不被重用，不被授予权力，就会成为人见人欺的小老鼠。

授权基于以下 3 种理由：

第一，你可以把更多的时间花在重要的管理事务上。因为你没有足够的时间去完成所有的工作，你也不可能将任何工作都大包大揽。把一些工作授权给员工去做，你就可以把更多的时间花在真正需要你关心的管理事务上。

第二，你可以借此挑战和激励员工。许多员工都觉得自己没能完全施展才华，通过给他们分配富有挑战意义的工作，可以令其对工作的兴趣越来越高。

第三，你可以借此培养员工。重要的工作能令员工获得宝贵的工作经验与培训机会，使他们可以为企业创造更大的价值。

授权时，你要注意以下几点。

1)弄清楚授权的本质。授权绝不是责任的转让，当你将权力授出去之后，你仍然要坚守自己身为管理者的本分。

2)使员工清楚目标和目的。你不仅仅要告诉员工他们要做什么，还要使其清楚什么时候做、和谁一起做、怎么做，否则，即使你将一部分权力授予他们，也不可能充分发挥其作用。

3)认真了解员工的情况。每个员工的工作能力和思维模式都会有所不同，所以你首先应该充分了解他们的专长及做哪些工作最合适，然后再将最符合其特点的那部分工作委托给他们。

4)事先确定工作标准。你不仅要与员工磋商工作标准，同时还应共同商量业绩评估方法。

5)培训和指导。将工作委派给员工之后，如果你过于撒手不管，就容易使工作失控。为了让员工更好地完成你交给他们的工作，你应该对他们进行必要的培训和指导。

6)经常谈心。为使员工毫无顾忌地行使你授予他们的权力，你应该经常与他们谈心，并任其畅所欲言。

7)结果的评估。授权不是弃权，权责应该相伴。对于员工的工作成效，你应该给予恰如其分的评估，以确定其是否值得授权。

授权是一门艺术，如何选择“受权者”非常重要，因为不是每一个员工都适合被授予权力的。如果你授权给了一个不合格的员工，往往不仅害了自己，也害了对方。一般来说，你可以对以下几类员工授权。

1)大公无私的奉献型员工。这类员工将工作视为乐趣，有大局意识、责任意识和服务意识，很少与企业讨价还价，不计较太多得失，往往公而忘私。

2)患难与共的忠诚型员工。患难之处见真情，能共患难者，方能共享乐。那些在最艰难时期仍和企业在一起的员工，具有高尚的品格，也最值得授权。

3)团结合作的领袖型员工。协调组织能力强，善于处理人际关系，凝聚力和向心力强的“群体意见领袖”可以授权，但前提是这类员工必须与企业一条心。

4)独立思考的创新型员工。这类员工往往能够见人之所未见，善于发现某些处于萌芽状态的问题，对于“积劳成疾”的问题也常敢于大胆果断地解决。授权给他们，往往能解决许多问题。而那些遇事没有主见、胆小谨慎、事无巨细均要请示汇报的员工，则不能授予他们权力。

【案例 11】海信集团：大胆起用年轻人

海信集团董事长周厚健认为，海信的成功是因为坚持“人才是本、技术是根、创新是魂”的经营理念，始终把人才作为企业发展的创业之本、竞争之本、发展之本。人才对那些能够使自己在工作中实现人生价值、最大限度地开发和利用其天赋与能力的企业抱有强烈的献身精神。

如今，海信集团拥有1000多名技术研发人才，平均年龄只有28岁，却已担负起企业核心技术、产品的研发任务。

王士磊，担任海信空调公司总经理时才刚满32岁。海信集团交给他半壁江山，权力之大，年纪之轻，让人称道。在他的带领下，海信空调很快就挤进行业四强，并连续数年被中国消费者协会评为“零投诉”产品。而海信进出口公司总经理刘庆华，上任时年纪更轻，仅25岁。

海信集团大胆地将事业交给高素质的人才，吸引了一大批杰出青年。如数码科技公司总经理刘建伟博士，工厂产业集团总经理李光升博士，总工程师陈维强博士，等离子电视专家、技术中心刘卫东博士等这些“金凤凰”都来此“搭窝”。

要留住人才，企业一定要授予人才权力，让他们放手施展拳脚。

【案例12】卡门：他们应该自己做决定

北美最大的天然气公司美国阿莫科化工厂会给项目经理下发正式授权书，赋予他们行政管理权、财权、技术处理权。项目经理根据自己的授权，又会对下面的分项目经理予以授权。在这个基础上，分项目经理会向每一个项目成员描述岗位的职责，并给予他们相应的权力。

对此，阿莫科化工厂厂长卡门说："我认为自己不应该做每一项决策，正确的框架应该是：我的员工了解工厂运转的应有方式，他们应该自己做决定，没有我，工厂应该照样运转得很好。所以，我在决定日常事项上只花一点时间，而是将大部分时间花在战略上，比如5年或10年以后我们应该是什么样，应该达到什么目标；为了达到这些目标，我们需要什么样的组织，什么样的技能与培训。同时，我将尽量多地与员工交谈，倾听他们关心的事情，告诉他们以后公司将向什么方向发展，并向他们解释为什么制定这样的战略。"

管理者应该适当地下放手中的权力。如果对员工不放权，必然会挫伤他们的积极性。

【案例13】阿涅利：送个"老板"给他当

菲亚特汽车公司是意大利菲亚特集团的一个组成部分，也是世界十大汽车公司之一。谁也不会料到这家赫赫有名的公司在1979年以前竟是个面临倒闭的公司，它因为亏损而不得不将被迫将13%的股份卖给了银行。面对这种困境，菲亚特集团的老板阿涅利大胆任命维托雷·吉德拉为菲亚特汽车公司总经理，将公司全权交给他独立经营。

吉德拉管理才华出众，平易近人，具有不屈不挠而又吃苦耐劳、脚踏实地的精神，阿涅利正是看中他的这些优点才聘请了他。吉德拉上任以后，果然出手不凡，大刀阔斧地进行了一系列行之有效的改革。

在吉德拉的整治下，菲亚特汽车公司很快就摆脱了困境，提高了劳动生产率，到1984年终于使汽车销售量达到了100多万辆，跃居欧洲第一。而吉德拉本人也由于经营有方而闻名，被人称为欧洲汽车市场的“霸主”。

要想“巩固”自己的权威和权力，唯一正确的方法，就是大胆起用有真本事的员工，使他们心悦诚服地为你服务。

懂得分享，不独占团队成果

团队就像是果树，不仅在幼年的时候需要呵护，在果实累累的时候也需要培育。而与员工分享功劳和荣誉，体现的就是一种团队意识和团队精神。

有一群猴子，发现一个高高的悬崖顶上有一串熟透了的果子。悬崖太陡峭了，仅仅靠一只猴子的力量是无法摘到果子的，于是猴子们团结起来，一个踩着一个的肩膀，搭起了“梯子”，这样，最上面的猴子就摘到了果子。

摘到果子的猴子忘记了自己之所以能摘到果子，完全是大家团结合作的结果，独自在悬崖上大嚼起来，丝毫不理会下面的猴子。下面的猴子生气了，撤去了“梯子”。最上面的猴子吃完了所有的果子，却怎么也找不到下来的路，最后饿死在了悬崖上。

其实在工作中也是如此，很多企业在发展艰难的时候，管理者往往能够带领员工们众志成城、团结一心地共渡难关，可是在取得了一定的成绩之后，原本团结的局面却往往会出现裂痕，这种可以同患难却不能共富贵的怪现象，几乎困扰着每一个企业。

这究竟是什么原因造成的呢？

很多人认为，这是因为员工素质差、嫉妒心重，其实不然，真正的原因就是管理者不懂得分享，没有一种团队意识和团队精神。

分享才能避免劳而无功，独占易起纷争，分享才能共利。对于管理者而言，对待工作中的功劳和荣誉的最好办法就是与员工分享。当工作环境不确定，或者单位正处于变革期间时，这样做看起来有点冒险，管理者可能会感到如临大敌。而事实上，越是困难时期，与员工共同分享功劳和荣誉更为重要，因为这样做表明你正与员工们同舟共济、共渡难关，而不是只顾自己、不管他人安危的自私鬼。

即使一个项目成绩的取得主要是管理者的功劳，但如果管理者能够重视员工为项目的完成所付出的努力与支持，并带头将功劳和荣誉分给员工，那么管理者将最终获得利益最大化。功劳和荣誉共享还有一个好处就是，由于管理者对员工所做的贡献表示认可，同时将所得功劳和荣誉与员工分享，这就使得员工愿意与管理者再次合作，一起奋斗。

优秀的管理者，当被提升或者受到奖励时，往往都非常谦虚。在享受功劳和荣誉的时候，他们绝对不会忘记感谢那些与自己一起努力或者曾经帮助过自己的员工，他们会让所有曾经参与的员工都分享功劳和荣誉。

邓中翰在接受“中国十大杰出青年”颁奖时说：“在国内做出世界一流的芯片，这个荣誉是我们整个团队的，我是代表我的团队来领这个奖。”

邓中翰这样的管理者，员工往往乐于看到他们的成功，也会给他们赞许和掌声，而且员工以后会更努力地团结在他们的周围，去争取更大的成功。因为员工知道，不管取得多大的成功，他们都不会忘记曾经帮助过自己的人，大家都会有所回报。

而另外一些管理者，他们在被提升或者受到奖励时，眼睛就从正常的位置挪到头顶上了，仿佛自己已经超越了别人，成为“高人一等的人”。这样的管理者，把自己和团体隔离开来，根本不懂得与人分享功劳和荣誉，其结果也就可想而知了。

【案例 14】一位销售经理的失策之举

一位销售经理的业绩突出，他所在部门的业务员销售总额超过了同级部门的 2 倍还多。按照公司规定，他可以拿到一笔可观的奖金。老板很是为自己有这样一位得力助手而高兴，也暗自庆幸自己没有看错人，于是决定在公司开个例会将他树为榜样，以此激励其他员工，还在最后特意安排了这位销售经理发表演讲。

这位销售经理在演讲中把业绩归功于自己调配人员的高超技巧、处理大订单的果断坚决和勤奋努力的工作，虽然他说的这些都是事实，但他犯的唯一错误就是从头到尾都没有感激上司、同事、下属。

会后，下属和同事们开玩笑地让他请客。他却毫不客气地说：“我得奖金，你们有必要这么开心吗？下次我会拿更多，到时候再说吧！”

等到下个月，这位销售经理不仅没能拿到奖金，而且因为没能完成任务而被扣掉了绩效工资。更奇怪的是，他的下属越来越懒散，就连老板似乎也对他冷淡了许多。

这样一个工作勤恳的人最终却不能成为受欢迎的人，究竟是什么原因造成的呢？这是因为他独享了功劳和荣誉。

启示

管理者一定要淡泊名利，千万不要独享功劳和荣誉。功劳和荣誉的确可以凝聚周围人羡慕的目光，可以给管理者带来成就感，但如果管理者只想一个人独享功劳和荣誉，那就不仅是自私而且是愚蠢了。

塑造人人平等的和谐氛围

企业和员工的关系，在实际的工作环境中，是以管理者与员工的关系、员工与员工的关系微观、具体地体现出来的。

其实我们都知道，要在事业上取得成功，单枪匹马是很难有机会的。凡是事业成功的人，他们都有一群好搭档，这群好搭档是他们成功的最大因素。

但是通常情况下，管理者是不会把员工称为合伙人的。可是仔细想想，员工不是管理者的合伙人又是什么呢？

既然是合伙的朋友，管理者和员工之间就是绝对平等的。管理者随时可以更换自己的员工，员工也随时可以更换自己的管理者。管理者有的是权力和金钱，员工有的是本事和能力。管理者用金钱和权力去换取员工的本领和能力，员工则用自己的本领和能力去换取管理者的金钱和权力，彼此是互为因果的。

当年，下邳之役，关羽走投无路，土山降曹。曹操欲留住关羽，用的是金钱攻势。刚回许都，曹操就给关羽拨了一处宅院，此后三日一小宴，五日一大宴，又送美女，又送宝马，上马一提金，下马一提银，衣服破旧马上做一套新的，真是无微不至，殷勤有加。可结果却不尽如人意，关羽知道大哥刘备的去处后，便挂印封金，义无反顾地投义兄而去。

为什么曹操这一系列的举措都没有留住关羽的心？表面上看，关羽千里寻兄是为了一份承诺，其实不然。从经济学的角度讲，关羽离开曹操的主要原因是因为刘备把关羽当“兄弟”。在“家天下”的游戏规则中，关羽在刘备那里是“兄弟”，而在曹操那里只不过是一个“高级打工仔”，这才是问题的根本。

在佛教中，佛与弟子的关系，不是领导者与被领导者的关系，而是先觉与后觉、师与徒的关系。释迦牟尼创立了僧团组织后，没有以领袖自居，而是把自己当成僧团中的一员，与普通僧众一道持钵乞食、赤足云游。佛只存有大慈大悲之心，而绝无主宰支配众生的意图。而在佛教徒心目中，佛虽福慧双圆、神通广大、自在逍遥、至尊无上、功德无量，却毫无领导者、主宰者的威慑性，而是可亲可敬、可学可效的。

佛与人没有不可逾越的界线，人人皆可以成佛，而在其他宗教中，人永远成不了上帝(领袖或主宰)，只能是上帝的奴仆。众生平等是佛教的又一特质和基本精神。

同样的道理，企业也应该塑造人人平等的和谐氛围。企业的创立者并非绝对神圣，他可以获得应有的尊重和地位。企业的各级管理者是具有不同分工、承担不同任务的普通一员，管理者不是带领员工去完成他所决策和定义的工作目标，而是与员工一道去实现大家所认可的工作目标。每位员工都有权利和义务去定义所属团队的目标，也有权利去否决他所在团队的工作目标。

除平等相待之外，企业还应尊重员工在企业中的发展权利。企业要告诉每位员工，无论资历深浅、能力大小，只要他不断努力，都有可能成为管理者。每位管理者都是帮助员工成功的兄长和朋友，每位员工都希望成为管理者以帮助更多的员工成功，这样的企业没有理由不发展壮大。比如，海尔著名的“赛马”策略，就使得海尔的每位员工都有公平感、成就感，也使得诸多的才俊脱颖而出，而他们为海尔的发展立下了汗马功劳。

管理者必须明白，自己和员工虽然有职位高低、权力大小、角色主动与被动等差别，但在人格上却是平等的。管理者一定要避免使用命令、训斥、役使员工的口吻说话，而要放下架子，以平等的态度与员工进行交流，以平易近人的方式对待员工。因为只有这样，员工才会向你敞开心扉。

平等的态度，除谈话本身的内容外，还可以通过管理者的语气、语调、表情、动作等体现出来。所以，不要以为小节或者个人习惯不会影响你与员工的谈话，实际上，这往往关系到员工是否敢接近你。此外，在与员工谈话时，你要重视开场白的作用。你不妨与员工先扯几句家常话，以便使感情接近，去除拘束感。在与员工谈话时，你最好不要作否定的表态，不要说“你这是怎么搞的？有你这样做工作的吗？”这样的话。在有必要发表评论时，你也应当掌握分寸。

管理者不要把金钱看成是万能的，也不要把自己看得至高无上。如果你不尊重员工，他们消极抵抗，受害的又是谁呢？当然是你自己。爱上你的员工，因为你与员工是血肉相连的，千万别以为钱能使鬼推磨，就对员工颐指气使。不然的话，吃到苦果的一定是你自己。

管理者应该与员工为友，彼此建立起良好的友谊，不能居高临下，要放下“官架子”，以平等的朋友式、同志式关系相待。

管理者要平等对待每位员工，尽量做到公正。管理者不能从个人偏好出发而刻意喜欢或者厌恶某位员工。管理者必须明白，每位员工的付出都是企业必不可少的，他们对企业的存在和发展具有同样重要的作用。

【案例15】约翰·居克：与“兄弟们”商量着干

约翰·居克有一家工厂，由于订单不断，工人们几乎满负荷运转。

有一次，一位商人送来一张大订单。可是，他的工厂的活已经安排满了，而订单上要求的完成时间，短得令他不太可能去接受。

可是这是一笔大生意，机会太难得了。

约翰·居克没有下达命令要工人们加班加点地来赶这张订单，他只是召集了全体工人，对“兄弟们”耐心、细致地解释了具体的情况，并且向他们说明，假如能准时赶出这张订单，对工厂会有多大的意义。

“我们可以加班加点地轮流干。”“我们可以三班倒。”“我们可以先干这张订单。”“兄弟们”提出了许多意见，并坚持接下这张订单。

接下来的15天，约翰·居克的“兄弟们”以一种“我们可以办到”的态度加班加点地工作，终于按订单要求的时间如期出货了。

管理者千万别以为自己是领导，要知道，员工在人格上与你是平等的，他们是你的兄弟姐妹。

第五章

打造团队:用真情实感带队伍

分享才能共赢,帮助别人就等于帮助自己。对管理者而言,真正意义上的成功必然是团队的成功。爱心管理的一个重要举措就在于,培养员工,打造强大的团队。

树立团队精神

一年两次的南北迁徙，对大雁来说是一段非常漫长、遥远的路程。任何一只大雁都不可能单独完成长达十几天的旅程，它们靠的是团队的紧密合作。大雁在飞行的时候总喜欢排成“一”字或“人”字，每一只大雁扇动翅膀都会为紧随其后的同伴增添一股向上的力量，每一只大雁都能比单飞时增加70%的飞行效率，从而减少体力消耗，这样它们就能顺利地到达目的地，完成长途旅行。

团队是指由具有互补技能的成员组成的，为达成共同的目标、愿景，在认同的程序下工作的团体。团队精神是指团体成员在共同的活动中形成的稳定的、人格化的奋斗目标、价值观、理想、信念、行为规范等。

团队精神包含以下3个层面的内容。

第一，团队的凝聚力。

团队的凝聚力是针对团队和成员之间的关系而言的。团队的凝聚力具体体现为：团队成员之间能够和谐共处、相互依存，尊重个性、彼此宽容，互敬互重、真诚待人，彼此信任、遵守承诺，相互帮助、互相关怀，能力互补、同舟共济，利益共享、责任共担。团队凝聚力强，团体成员之间相互依存、相互协调、相互团结的程度就强，就能够用向心力、忠诚心、责任感、荣誉感等精神的力量，使团队成员众志成城、齐心协力，实现共同的理想和团体的目标。有较强的团队精神的团队，具有高凝聚力，不仅强调个人的工作成果，更强调团队的整体业绩。团队所依赖的不仅是集体讨论和民主决策以及信息共享和标准强化，它强调通过团队成员的共同贡献，能够得到实实在在的集体成果，而且这个集体成果要超过团队成员个人业绩的总和。团队管理者应该引导团队成员发现和认同别人的优点，而不是凸显自己的重要性。

团队精神强调共同奉献，这种共同奉献需要一个使全体成员能够信服的目标。只有切实可行而又具有挑战意义的目标，才能激发团队成员的工作动力和奉献精神，为工作注入无限的能量。

团队精神能有效改善和全面提升企业的业绩，保障企业的竞争优势，是企业持续、稳步发展的“加速器”和“润滑剂”，能降低经营风险，减少组织内耗。

企业经营是一个系统工程，不仅要做到没有明显的短板，还要保证每块木板结实，整个系统坚固，各环节接合紧密无隙。培养一支充满团队精神的高绩效团队，是企业管理者的工作目标之一。管理者要尽可能地促使员工趋向于共同的目标和期望，树立相近或类似的观念、信念和价值观，以形成一种共同的行为模式。管理者必须使企业里的每一个成员都能强烈地感受到自己是雄伟城墙中的一块砖，是不可缺少的一分子。砖与砖之间的紧密结合是建立城墙的基础，这种紧密结合就是凝聚力。凝聚力是企业发展的源泉，而只有员工步调一致，凝聚力的作用才能有效发挥。当员工为自己是雄伟城墙中的一分子而感到自豪和欣慰的时候，他们就会愿意为自身、他人以及企业的发展而付出。

第二，团队的合作意识。

团队的合作意识是指团队成员不仅要在其他成员寻求帮助时提供力所能及的帮助，还要主动地帮助其他成员。良好的合作意识是高绩效团队的基础，没有合作意识就谈不上最终的业绩。

有一位英国科学家把一盘点燃的蚊香放进了蚁巢里。开始，巢中的蚂蚁惊慌万状，不知所措。过了十几分钟后，便有许多蚂蚁纷纷对着点燃的蚊香冲去，喷射出自己的蚁酸。虽然一只蚂蚁能射出的蚁酸量十分有限，但是它们前仆后继，过了几分钟后，便将蚊香扑灭了。活下来的蚂蚁将战友们的尸体移送到附近的一个地方，盖好了薄土，将它们安葬了。

又过了一段时间，这位科学家又将一支点燃了的蜡烛放到了那个蚁巢里，然后细细观察。虽然这一次的"火灾"更大，但是这群蚂蚁已经有了上一次的经验，它们用很快的时间，便协同在一起，有条不紊地作战，不到 1 分钟，烛火便被扑灭了，而蚂蚁无一"殉难"，这真是个奇迹。

从蚂蚁扑火的现象中我们可以看出，只要团队成员具有相互依存、同舟共济、利益共享、责任共担的合作意识，就一定能创造奇迹。

第三，团队的士气。

这一点是从团队成员对团队事务的态度上体现出来的，表现为团队成员对团队事务的尽心尽力及全方位投入，团队成员愿为团队和其他成员付出额外的努力。

在现代社会，团队的力量远远大于一个个单独的优秀人才的力量。在当今世界，任何具有重大意义的科学研究、理论探索、技术工程，都不可能凭借个人单枪匹马的奋斗去完成。比如，1961 年美国开始实施的长达 10 年的"阿波罗登月计划"就有将近 42 万人参加，涉及 2 万余家公司、120 所大学。

现代企业招聘员工，有一套严格的标准，但最重要的条件之一就是具备团队精神。即便一个人是天才，如果其团队精神比较差，也没有企业愿意录用他。不能与同事友好合作、没有团队意识的人，即使有再强的能力，也难以把自己的优势在工作中淋漓尽致地发挥出来，不但难以引起管理者的关注，也难以在职场中立足。

在专业分工越来越细、市场竞争越来越激烈的前提下，单打独斗的时代已经过去，合作变得越来越重要，但合作并不一定就能产生“1+1>2”的效果。如何进行有效合作，形成一种团队精神，以达到整体效益大于部分效益之和，是企业面临的一项重要任务。可以说，今天的企业比以往任何时候都需要团队精神，资源共享、信息共享才能够创造出高质量的产品和服务。一个重视树立团队精神的企业，才有可能在激烈的市场竞争中取胜。

团队精神不仅仅是对员工的要求，更是对管理者的要求，团队合作对管理者的最终成功起着举足轻重的作用。对管理者而言，真正意义上的成功必然是团队的成功。脱离团队，即使管理者取得了个人的成功，往往也是变味的和苦涩的，长此以往对企业也是有害的。因此，管理者的执行力绝不是个人的勇猛直前、孤军深入，而是带领下属员工共同前进。“下者用己之力，中者用人之力，上者用人之智”。一个人的力量总是有限的，成功30%靠自己，70%靠别人。人脉就是财脉，每一个管理者都可以通过组建一支团队来实现自己的伟大梦想。

树立团队精神，管理者至少要做到以下几点。

第一，带头鼓励合作而不是竞争。很多管理者热衷于竞争，嫉妒他人的业绩和才能，害怕员工的成就超过自己，而事实上，没有一个管理者会因为自己的员工做得好、表现优秀而吃亏。成功的管理者总是力求通过合作来消除分歧、达成共识，建立一种互信的管理模式。

第二，树立明确的共同目标。团队中的不同成员，由于地位和看问题的角度不同，可能有不同的目标和期望，这是一点也不奇怪的事情。好的管理者善于捕捉团队成员不同的心态，理解他们的需求，帮助他们树立明确的共同目标，从而使他们形成合力。

第三，营造积极进取、团结向上的工作氛围。假如团队缺乏积极进取、团结向上的工作氛围，团队成员的力量就很难融合在一起，大家相互扯皮、推诿指责，工作任务也就不可能完成。管理者在日常工作中一定要努力营造积极进取、团结向上的工作氛围，提高团队成员的归属感，加强团队的凝聚力和战斗力。

第四，建立规范的规章制度。管理者首先是一个规章制度的制定者。管理者应该制定供团队成员共同遵守的规章制度，并且带头执行，以形成团队良好的工作风气。规章制度也包含很多层面，诸如考勤制度、财务管理制度、绩效考核制度等。好的规章制度体现为：团队成员能感觉到规章制度的存在，但并不觉得规章制度是一种约束。对于违背规章制度的行为，管理者应该及时制止，否则一些不良风气、违规行为就会滋生、蔓延。

第五，建立有效的沟通机制。比较畅通的沟通渠道和充分的信息交流使得团队成员不会有压抑的感觉，工作容易出成效，目标也容易顺利实现。当个人目标和团队目标一致的时候，团队成员的士气才会高涨，凝聚力才能更深刻地体现出来。

【案例 1】明基的高绩效团队

明基集团的主体明基电通公司成立于 1984 年。2001 年，明基宣布自创品牌 BenQ，成功地完成了从生产制造型企业向集研发、制造、营销于一体的集团公司的转型。不到20年时间，明基的营业额翻了数百倍。就明基电通公司而言，1984年其营业额为1亿元人民币，而到2002年其营业额已经突破250亿元人民币。整整250倍的增长速度，令世人惊羡不已。明基能够实现如此惊人的业绩增长，得益于其拥有一支高绩效团队。

明基追求“以人为本，以团队人才为本”的企业文化；将人才视为企业的资本，善用人力资本去创造价值；强调员工快乐地工作、享受地生活。

相互融合是明基建立高绩效团队的前提和基础。由于国际化、多样化是明基最重要的一个经营战略，因此公司不可避免地要面临跨文化经营的挑战。明基把不同国家、不同语言、不同文化背景、不同饮食习惯的员工放在一起工作，让他们通过项目合作等机会，主动想办法去沟通和相处。

企业文化的建设是明基建立高绩效团队的一个重要元素。明基的企业文化分为硬性文化和软性文化两个层面，如规章制度、绩效考核、培训计划等都属于硬性文化的范畴。在明基，很多员工服务于生产制造部门，一板一眼的制度是高效率工作的保证，而360度绩效评估，可以让员工切身感受团队成员协作工作的重要性。

明基为员工设立了“明基大学”，共有150个阶梯教室，4个大型培训中心，且环境舒适。预先安装的无线网卡使每个到“明基大学”接受培训的员工，可以随时上网处理工作问题。明基70%～80%的员工来自于大学应届毕业生，他们更加渴望了解并迅速融入公司的企业文化。历时4天3夜的“巅峰战将训练营”(又称“魔鬼训练营”)，已经成为明基传统的保留培训项目——通过一系列极富挑战的训练项目，让员工在特定的环境下，勇敢地挑战自我，发掘自身的潜力，培养团队合作的精神，克

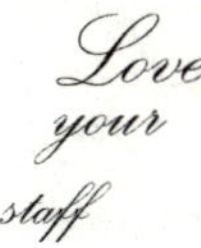

服重重困难完成任务。培训计划的对象不仅限于新员工，中层以上的主管每年也要分批次攀登海拔4000多米的玉山——这是台湾地区最高的一座山。

明基的核心价值观是“平实务本、追求卓越、关怀社会”。“平实务本”、“追求卓越”是由高科技行业流动性大、发展速度快的特点决定的，而“关怀社会”除了有回报社会的想法外，更多的是希望员工可以开拓视野、均衡发展，否则每天在一个自我封闭的环境下工作，人格就会有缺陷。这些对员工产生潜移默化的影响的企业文化就是明基的软性文化。

2001年明基打造BenQ品牌时，遇到的最大瓶颈不是外部环境，而是内部管理。如何使两三万名员工集结在公司统一的企业文化之下，是一直困扰明基领导层的问题。于是，一只象征着勇往直前的小狮子的形象应运而生。借助于这只小狮子的形象，明基在企业内部发起“辛巴计划”，开展“健康一把抓”、“时尚代言人”、“活力大本营”、“辛巴小管家”等活动，让员工对明基有了新的认同感。

明基有间类似“星巴克”的咖啡厅，内部的空间设计经过了数次改良，不奢华、不落伍，体现了公司“平实务本”的价值观。为了把这种企业文化与员工的工作融为一体，明基甚至开设了一门课程专门教员工如何喝咖啡。

除此之外，明基在工业园区内建造了足球场、篮球场、桌球室、健身房等设施，更特地从连云港运来沙子铺设沙滩排球场。

相互融合是明基建立高绩效团队的前提和基础，企业文化的建设是明基建立高绩效团队的一个重要元素。明基运用充满人文关怀的点点

滴滴启动了企业与员工之间的心灵之约。

【案例 2】成与败关键看是否具备团队精神

有一家著名的公司招聘高层管理人员，有 9 名优秀的应聘者过关斩将，从众多应聘者中脱颖而出。总经理看过这 9 个人详细的资料和初试成绩后，相当满意。但此次招聘只能录取 3 个人，最后由总经理拍板定夺。

总经理把这 9 个人随机分成甲、乙、丙 3 组，指定甲组的 3 个人调查婴儿用品市场，乙组的 3 个人调查妇女用品市场，丙组的 3 个人调查老年人用品市场。总经理解释说："为避免大家盲目开展调查，我已经叫秘书准备了一些资料，走的时候你们自己到秘书那里去取。"

到了规定的日期，9 个人都把自己的市场调查报告送到了总经理那里。总经理看完后，站起身来，走向丙组的 3 个人，向他们祝贺道："恭喜 3 位，你们已经被本公司录用了！"总经理看着大家疑惑的表情，呵呵一笑说："请大家打开我叫秘书给你们的资料，互相看看。"

原来，每个人得到的资料都不一样，甲组的 3 个人得到的分别是婴儿用品市场过去、现在和将来的分析，其他两组的也类似。总经理说："丙组的 3 个人很聪明，互相借阅了对方的资料，补全了自己的市场调查报告。而甲、乙两组的 6 个人却分别行事，抛开队友，自己做自己的。我出这个题目，其实最主要的目的，是想看看你们是否具备团队合作意识。甲、乙两组失败的原因在于，他们没有合作，忽视了组员的存在。要知道，团队精神才是现代企业成功的保障。"

启示

管理者一定要具备团队精神，否则的话，会对自己的职业生涯造成致命的伤害。

打造一流团队

在现代企业环境下，在优秀团队中工作的员工会觉得心情舒畅，干劲十足，协作性很强，自然能创造出一番令人骄傲的业绩。

打造一流团队，让一流团队高效地执行企业战略，是很多管理者期望的一件事情。而团队由基本的人构成，人是有不同性格、气质、理想抱负的生物体，打造团队也就是将这些人合理地搭配在一起。

公元前209年，秦末农民起义爆发。刘邦出身农家，担任着一个小官职。可是在一次运送民夫去骊山服役的途中，由于民夫不愿去服苦役，在路上就已经逃散了大半，刘邦完不成任务，只好和十几个自愿跟随自己的人开始了反抗之路。这个时候，秦朝由于不断实施暴政，已经失尽天下人心，反抗秦国已经成为时代潮流。经过一段时间之后，战争很快就从反抗秦国暴政过渡到刘邦和他的对手重新分配天下的阶段。刘邦的对手是极其擅长打仗的项羽，他在与项羽的对抗中总是处于劣势。但是刘邦巧妙地运用各方势力的矛盾孤立项羽，最后在垓下一举将项羽击败。

可以说，运筹帷幄之中，决胜千里之外，刘邦不如张良；镇国家，抚百姓，给馈饷，不绝粮道，刘邦不如萧何；连百万之众，战必胜，攻必取，刘邦不如韩信。但刘邦最后却领导张良、萧何与韩信等人打败了项羽，这是为什么呢？主要是因为刘邦善于打造一流团队。

刘邦最初的团队是由和他长期相处的朋友甚至亲属，以及熟悉他品行为人的人所组成的，这是大家对他的信任与了解。也许只有他才能将这些不同水平的人聚集在一起——杀狗的樊哙，当官的文化人萧何，更多的是不识字只有一身力气的庄稼人。这个团队在最初还是很有协作力的，虽然开起会来会吵吵闹闹，但由于他们有一个主心骨，于是在乱世中杀出了一条血路。最初的建设完成后，团队面临新的发展机会。但是这个团队的能力有限，越来越不知道未来的路在何方，需要不断地补充新鲜血液，此时才能超群的张良、韩信等人加入其中。这时候由于已经不是简单的朋友和亲属关系，人与人之间的矛盾就不可避免地出现了，但刘备在这个团队发展的关键时期显示了自己的领导才能，他最大程度地发挥了团队成员的优点，创造了辉煌的成功。

团队建设，简单而言，就是给你一拨人，你得能把他们拢在一起，朝着一个方向走。

首先是尊重。不懂得尊重员工，一切都无从谈起。这个尊重不是来自很抽象的“人人生而平等”，而是来自于坚信“只要是个人，就有比自己强的地方，就有用”。这个尊重是有形的，是可以看得出来、感觉得到的，而最可贵、最有效的尊重是信任，这体现为你对员工合理、有效的授权和委任。

其次是沟通。把情况了解上来，把影响施加下去。沟通的手段多种多样，聊天和组织娱乐活动是最常见的两种。聊天要注意时机和话题的选择，目的是拉近距离，融洽气氛，了解情况，施加影响。下棋、打牌、喝酒等娱乐活动最能体现人的性格，想藏都藏不住。性格无所谓优劣，最重要的是要因人而异、善加利用，通过合理的组合减少冲突、增强合力。

再次是记录。管理者一定要让团队成员尤其是关键成员养成将工作记录下来的习惯。因为团队建设的目的，就是为了最终把工作做好。

第四是服务。这是团队建设的核心内容。管理者要尽可能地把自己是头、有权发号施令的念头压下去，把监督、控制等字眼儿压下去。管理者应该更多地想想自己对团队的责任，因为工作最终要靠团队来完成，而不是靠某个人来完成。管理者要立足于服务，给团队成员创造一个良好的工作环境。换句话说，管理者的任务就是把台子搭好，让团队成员把戏唱好，而不要担心自己会被抢了风头。这是因为：一是团队成员戏唱得再好，到上司那里汇报的还是你；二是即便是团队成员最终超越了你，如果你真诚地帮助过他，他自然也会帮助你，何乐而不为呢？所以，不要吝啬在上司面前肯定团队成员的成绩，更不要邀功于己、诿过于人。管理者应该让团队成员放手工作，"错了，责任是我的；对了，功劳是你们的"，这句话不但要说，更要实践。

这里讲的服务，既是工作上的，也是生活上的，都很重要，都要尽可能细致、周到。服务做好了，管理基本上也就到家了。但是，服务并不等于迁就，服务也要讲原则，要在自己的能力范围之内。还有，在为团队成员服务的过程中，可能会被误解，会"吃亏"，但没办法，谁让你是头呢？如果你想把工作做好，这些你都得承受。等成绩出来的时候，那些误解、"吃亏"也就没了，你收获的将是一帮多少年后都还彼此眷顾、相互信任的朋友和一段美好的工作回忆。

第五是协调和组织，也就是把合适的人放在合适的位置上。在这个环节上，管理者一要因人而异，二要合理授权。

最后，也是最重要的，就是产生合力，达成目标。这是团队建设的基本准则，也是衡量团队建设成功与否的标准。

总之，团队建设说难不难，说易不易，关键在于你如何把握。只要你热心、诚恳、负责任，肯和团队成员交朋友，加上一些必要的技巧和上司的支持，不愁打造出一个一流的团队。

【案例 3】诺基亚：没有完美的个人，只有完美的团队

诺基亚是移动电话市场的领导厂商，在市场竞争日益激烈的情况下，诺基亚的移动电话增长率持续高于市场增长率，从 1998 年起它就位居全球手机销售的领先位置，曾经占有全球三分之一的市场份额。如今，诺基亚在中国的投资超过 17 亿美元，有 8 个合资企业、20 多家办事处和 2 个研发中心，员工超过 5500 人。

作为一家拥有如此庞大规模的员工和机构的企业，诺基亚究竟是如何打造一流团队的呢？

根据员工的特殊需要进行教育培训，可以让员工看到自己有机会学习和成长，那么员工对企业的责任感就会增强，工作热情就会被激发出来。优秀的企业高度重视培养员工的工作能力与团队精神。诺基亚每年花在培养员工的工作能力与团队精神方面的费用超过 25.8 亿欧元，约为其全球净销售额的 5.8%。

在诺基亚，一个经理就是一个教练，他知道怎样培训员工以帮助他们做得更好，他不是“叫”他们做事情，而是“教”他们做事情。当诺基亚的经理教自己的工作伙伴做事情时，他们会设计合理的团队结构，让每个成员的能力得到发挥。

诺基亚强调开放性的沟通，员工能够感觉到自己对于公司的重要

性。诺基亚在组织机构上，不是上下级等级森严，而是很平等，有问题可以越级沟通，而且制定了许多具体制度来保证下情上达。

第一，每年请第三方公司做一次员工意见调查，听取员工对自己的工作和公司发展的意见和建议，并和上年的情况做比较，看在哪些方面需要改进。

第二，公司每年有两次非常正式的讨论，经理和员工之间讨论以前的表现、今后的目标，除了评估员工的表现，也加强了彼此的沟通。

第三，公司设有一个网站，全世界的员工都可以匿名发送任何意见和建议，员工甚至可以直接发给老板，员工的建议只要合理就会被接受。

除了建立正式的开放沟通渠道之外，诺基亚的管理层也会利用适当的时机与员工沟通。比如，诺基亚（中国）投资有限公司高层对员工所反映问题的处理方法是：如果牵涉到某个经理，除非是另有考虑，否则马上把人找来，双方当面讲清楚，这样做可以让员工看到，上级领导的门永远是敞开的，沟通是透明的。

诺基亚还有一个突出的做法，就是利用员工俱乐部，让员工自己管理自己。员工俱乐部体现了诺基亚尊重个人的文化传统，以人人容易接受的方式来进行团队建设，把员工的兴趣融化在团队建设的活动当中，并以此提高员工的实际工作能力。

诺基亚的企业文化包括 4 个要点：客户第一，尊重个人，成就感，不断学习。诺基亚的团队建设完全以企业文化为中心，不空喊口号，不流于形式，而是落实到具体的行动中。诺基亚强调把员工的思想和行为变成公司与外界竞争的优势，视员工为工作伙伴，而不仅是停留在雇主与员工的劳动合约关系上。

诺基亚定期举行团队建设活动，并具体和每个部门的日常工作、业务紧密相连。在这方面，诺基亚学院发挥了很大作用，为员工提供了很多很好的机会，让员工认识到自己是团队的一分子，每个人都是这个团队中有价值的贡献者。

诺基亚招聘员工时，除了考核专业技能之外，还将团队精神作为一项主要的考核指标，非常注重个人在团队中的表现。诺基亚通常会用一整天时间来测试候选人在团队活动中的参与程度与领导能力，并考察候选人是否能在有序的团队中发挥协作精神和应有的潜能。

没有完美的个人，只有完美的团队，唯有打造一流团队，企业才能立于不败之地。

【案例 4】可口可乐就像一支足球队

有一个故事在可口可乐（中国）饮料有限公司所有员工中广为流传：市场部非碳酸饮料组 4 位同事一起乘坐大巴出行，不幸出了车祸，3 位同事受伤严重，要休息 2 个月。当时非碳酸饮料组和碳酸饮料组正在合作一个项目，得知合作小组发生意外事故后，为了不耽误项目的进程，碳酸饮料组和非碳酸饮料组余下的那位同事一起，义务承担了非碳酸饮料组的全部工作，项目得以顺畅进行。

这个故事让可口可乐（中国）饮料有限公司的一位高层管理者感到很自豪，他说："可口可乐就像一支足球队，虽然后卫有后卫的工作范围，前锋有前锋的职能区域，但前锋不在的时候后卫要补上，这是公司的一个运作模式。"

可口可乐是通过哪些方法来促进各部门之间协作的呢？

方法有很多。比如可口可乐有午餐会，员工可以一边吃饭一边听取市场部的最新产品推介、活动介绍等。可口可乐在中国有南北两个大区，大区之间的主要管理人员每2个月至少会进行一次业务交流会议。另外，不同部门有午餐例会用以加强部门内部沟通协作，人力资源部一个月一次，财务部一个月两次，这些例会都很频繁。

可口可乐每年都有员工沟通大会，总裁等高层会到每个区听取员工各方面的建议，与员工沟通目前的业务状况、下一步的战略方向。一些重要项目进行时，可口可乐会把参与项目的员工统一调配到一起，方便他们展开工作。比如，可口可乐赞助北京奥运会期间，他们就把各个部门的重要成员调到北京，方便他们进行沟通。

可口可乐很重视领导力发展，在过去的两三年一直在开展内部接班人培养计划，力求管理梯队能无缝交接，不会因为某个人的离开而使工作面临危机。

在可口可乐，一线经理要参加一项为期5天的综合培训课程，里面有很大一部分内容是关于团队合作的，比如如何培养团队精神、如何建立团队等。

对于个人能力很强但忽略团队合作的员工，可口可乐会通过360度反馈让他加强对自己的了解，在必要的时候还可以给他提供导师。导师一般是经验资深并且有说服力的人，可以纠正员工团队意识淡薄的弱点。如果这种方法不奏效，可口可乐会对该员工进行岗位调整。

在可口可乐，每一个员工都是领导者，目的是鼓励他们把工作当成事业，发挥自己最大的能力。可口可乐内部有一个核心领导力模型，把员工分为三大类型：一类是高级领导者，一类是中层领导者，一类是个人领导者。在这个模型里，每个员工都是领导，每个项目都要求他们全力以赴。

可口可乐通过很多渠道鼓励员工行使领导者的权力。即使是公司拟定的战略规划，如果员工在执行当中觉得不对，或者有更好的办法，都可以对上司或者管理层提出来。只要他的方法正确或者有创新性，可口可乐就会按照他的方法去操作。

可口可乐鼓励员工冒一些可控制的风险。比如，员工不知道应不应该做，可口可乐就鼓励他们去做，但是会通过汇报系统控制风险。每个员工在进行重要的工作改动时，会把自己的想法和做法抄送给小组的其他成员，小组的其他成员如果觉得有风险会告诉那个员工，小组领导也会加以指点。

可口可乐之所以能够成为全球第一大饮料公司，与其强调团队协作、要求员工群策群力并发挥集体智慧是密不可分的。

强大的团队是培养出来的

强大的团队不是天生的，而是培养出来的。

大多数管理者更注重于“走动式”的管理，忙于对员工施加各种各样的压力，却忽略了一种最重要的工作，那就是对员工的培养。

人并非生下来就什么都知道。无论是工作理念还是具体技能，员工都存在大量的未知领域，要从未知变为已知，员工必须经过培养的洗礼。

管理者最重要的责任和义务就是培养员工，因为这是实现企业目标的基础。

未经培养的员工就像未经雕琢的玉石，存在许多瑕疵。首先，员工可能因为不清楚自己所负责工作的重要性，常常感到无所适从，有时甚至会产生某些极端行为；其次，由于缺乏足够的知识和技能去完成某项工作，员工对许多重要的工作往往缺乏足够的兴趣，工作热情自然会减退。试问，由这样的员工组成的团队会强大吗？

管理者培养员工的过程，就是观察和了解员工、帮助员工成长和发展的过程。

管理者应该具备敏锐的目光和灵敏的感觉，对于员工行为的细微差别非常敏感。比如，员工是否乐意与人沟通？员工对某项工作究竟有多大兴趣？员工之间是更团结了还是更不团结了？

通常，人都是很虚荣的，所以，总有一些人试图隐藏自己的缺点，粉饰自己的不足，原因是害怕自己受到别人的嘲笑，害怕被别人看不起。而培养员工，正是帮助他们克服自己的缺点和不足，增强他们各方面的能力。可以肯定地说，这是一个充满着困难的领域。因为员工由于长期对自己的缺点和不足进行掩饰，久而久之就形成了一种错觉，认为自己已经没有那些缺点和不足了。因此，管理者必须通过观察和了解，客观地认识每一位员工，这才是培养员工的前提。

要找到员工的弱点其实并不是一件容易的事，因为员工总是将自己的某一部分隐藏起来，而恰好这一部分往往存在各种问题，需要修正或改善。因此，在对员工的内心进行探索时，很有可能伤害他的自尊和自负，这就是培养员工的最大难点。

想要培养优秀的员工，打造强大的团队，管理者必须找到每位员工隐藏得很深的弱点和不足，从而制订有针对性的培养计划和教育内容，帮助其穿越自我认识的误区和盲区。但是，现在的大多数管理者都做不到这一点，他们只会泛泛地培养员工，使员工遵守纪律并老实工作。他们没有能力针对每位员工的短板采取针对性的培养方法，因此他们带不出强大的团队。

要建设强大的团队，管理者的作用至关重要。管理者应该是一个好的教练，要深入到员工的内心深处，帮助员工穿越自我认识的误区和盲区。管理者不必担心揭露了员工的弱点和不足，团队就会陷入一片黑暗。恰恰相反，如果这些深层次的问题能够得到很好的解决，团队内在的所有关节和经脉也就打通了。

显然，这样的培养是高难度的，不可能一蹴而就，需要做大量细致的工作，需要付出智慧和心血。但是为了培养强大的团队，这样的牺牲又何尝不可呢？因为只有深入到员工的内心世界，才能培养出优秀的员工，才能打造出强大的团队。

【案例5】大曾：帮助下属穿越自我认识的误区和盲区

为了找到理想的工作，刚刚从某高校毕业的小杜，长时间奔波于上海的各个角落。但与此同时，小杜的同学却一个个干得有声有色。看到这些，他心里总是感叹自己运气不佳。

造成这种状况的主要原因，就是小杜心高气傲，对工作精挑细选，选来选去的结果就是：要么没有满意的职位，要么有了好的职位但单位实力不够。如此这般，几年下来，小杜不知换了多少家单位，见识倒是长了一些，但依然穿梭于各种招聘会上。

几经周折，小杜终于应聘进入一家相当有实力的公司。但是，他开始工作以后，上司却只安排他做一些无关紧要的事情，这种事情没有受过高等教育的人就能够做好。一种被埋没的感觉油然而生，小杜做什么事情都打不起精神来，还不时地出现一些小差错。没过多久，上司就把他叫到办公室，毫不客气地说："我不管你以前做过什么，也不管你是哪个学校毕业，有多高的文凭，有多大的才能，到了这里，就要老老实实接照公司的要求做事，否则就辞职走人。"

从上司办公室出来，小杜窝了一肚子火，心想，你有什么了不起的，要不是自己现在刚刚参加工作，否则早比你强出很多倍了。

为了排解心中的郁闷，小杜约另外一个部门的经理大曾一块喝酒。

他们边喝边聊，越聊小杜就越激动。小杜对大曾说："我越来越反感这个公司。在这里，既得不到同事的尊重，又得不到领导的重用，相反还要忍受很多委屈，我决定辞职不干了，也可以报复一下公司。"

大曾听了，随即附和道："你辞职也可以。不过我觉得你现在这样做，还不是最好的时机。"

小杜问："现在不是时机，那什么时候才是呢？"

大曾解释道："如果你现在离开，公司并不会受到什么损失。你应该想尽一切办法开拓客户，然后再找到新的同类公司后突然离开，把客户全都拉走。"

小杜觉得大曾说得有道理。于是，本着报复公司的心理，他一方面与周围的同事积极配合，另一方面努力争取客户。半年以后，小杜果然业绩斐然。

一天，大曾又在聊天时笑着对小杜说："现在时机已经成熟，要过河拆桥的话，你就赶快行动吧！这样公司就会遭到重创。"

小杜听了不好意思地说："我现在才知道你是在帮助我，我还没来得及对你表示感谢呢！昨天总经理刚刚告诉我，他决定提升我为销售部经理，而且从下个月起给我加薪，我决定不离开啦。"

其实这本来也是大曾的初衷。大曾与小杜的原上司是关系比较好的朋友，原上司知道小杜很有能力，但就是心高气傲，于是就让大曾帮助他克服这个毛病。

小杜知道原委之后，对原上司十分感激。他回过头来审视自己走过的职场之路，终于明白了一个道理：心高气傲不是资本，在职场中生存和发展，很大程度上取决于工作态度和责任感。拥有积极的工作态度和高度的责任感，就有了赢取成功的机会。

启示

刚进入职场不久的年轻人往往存在心高气傲的缺点和不足，对于这样的团队成员，管理者应该深入其内心深处，帮助其穿越自我认识的误区和盲区。

激发团队成员的士气

激发团队成员的士气，仅仅依靠金钱的刺激是远远不够的，团队管理者必须让团队成员觉得自己不可或缺或者对团队有所贡献。团队成员不会仅仅因为生存需要被满足而知足，行尸走肉般的生活是任何一个人都不能忍受的。团队成员之所以工作，并不仅仅是为了获得一份微薄的报酬，而是为了体验工作的价值和意义。所以说，团队成员如果觉得工作没有价值和意义，就会丧失士气。而团队成员的士气是团队赖以生存和发展的原动力，如果团队成员士气低落，团队将无法取得成功。

管理大师彼得·德鲁克曾说："要激发团队成员的士气，重要的是让团队成员发现自己所从事工作的乐趣和价值，能从工作的完成中享受到一种满足感。这样，团队成员个人的目标达到了，团队的目标也就达到了。"

有很多日本人都是工作狂，这是因为他们觉得自己的工作非常有价值。日本的"罗锅" 老人特别多，主要是因为他们在战后经济恢复时期劳动量过大。"过劳死"最早也是在日本出现的，虽然不值得提倡，但也从一定意义上反映出工作价值对人具有极大的激励作用。团队成员之所以加入团队,说到底是为了经济利益和精神利益,是为了权力、名誉、信息、知识、金钱和机会。没有经济利益的精神利益是空洞的,而没有精神利益的经济利益则是无力的。

不少团队管理者认为,团队成员如何看待自己的工作并不重要,重要的是工作成果和工作效率,团队成员只要完成好自己布置的任务就行了。而他们让团队成员完成任务的手段,无非就是强制或者金钱。然而,越来越多的事实证明,这样做有悖于管理常识。

心理学家马斯洛在《论管理》一书中就曾提到:"不值得做的事,就不值得做好!"因此,要想让团队成员把工作做好,团队管理者就必须懂得如何给工作赋予意义和价值,并让团队成员认同工作的意义与价值,让他们发挥出自己的能力。

约翰·加纳德在他那本备受诸多管理者推崇的《士气》一书中写道:"人是价值固执的追求者。"事实上,团队成员迫切需要感知工作的价值,因为只要他们认为一项事业很伟大,就会愿意为之粉身碎骨。

那么,团队管理者应当怎样激发团队成员的士气呢?

首先,团队管理者要制定一个能鼓舞和激励团队成员的目标。团队成员在一个有目标的团队中工作,会很自豪,会有一种积极向上的热情。当然,团队实现了目标,其利益也应与团队成员共享,这样团队成员就会感到自己的命运与团队的命运息息相关,才会更积极地为团队创造价值。

其次,团队管理者要让团队成员了解自己工作的意义和价值所在。没有什么比意识到自己所做的工作毫无意义和价值更让团队成员士气低落的了,所以团队管理者一定要让团队成员了解自己工作的意义和价值所在。无论处于哪个岗位,团队成员都有其独特的存在价值和意义。

团队管理者应该向团队成员说明其岗位的具体职责及性质，让团队成员了解本岗位的职责和对内对外协调关系，以及胜任本岗位应具备的能力和所需的培训。了解了岗位的职责及性质后，团队成员才能充分认识自己工作的意义和价值，从而积极努力地工作。

再次，团队管理者要给团队成员一定的自由度，让团队成员进行自主管理。团队成员在被动执行团队管理者指令的状态下很难发挥出自己的创造性，很快他们就会觉得工作比较刻板与乏味，从而丧失工作热情。因此，团队管理者应该给团队成员适当的授权，而不是事必躬亲或者事无巨细都安排好，这样团队成员就会感觉到自己是工作的主人，而不是被动的机器，从而充分发挥自己的主观能动性，对工作充满热情。

第四，团队管理者要鼓励团队成员创新。如果工作模式和工作内容总是一成不变，团队成员就会感到缺乏新鲜感，从而逐渐形成惰性，即使是很简单的工作，他们也可能做得力不从心。所以，团队管理者应鼓励团队成员在做好本职工作的基础上不断创新，从而对原有工作进行改善。团队成员在一种持续改进工作的动力驱使下，会更加积极努力地工作。当然，这种创新不一定是彻头彻尾的创新，也可以是在原有工作的基础上对部分工作方法和工作内容的创新。在创新的过程中，团队成员很可能会犯错误，这个时候，团队管理者不要太苛责，因为创新是有风险的。

第五，团队管理者要建立一种相互信任、融洽沟通的工作氛围。团队是一个整体，各个岗位都是团队工作中不可缺少的一环，因此要想实现团队的目标，就必须协调各个岗位上的团队成员共同完成工作任务，因此沟通就显得尤为重要。而要进行沟通，信任是一个前提和基础，只有在信任的基础上才能进行融洽的沟通。在沟通的过程中，不仅团队成员可以了解到与自己本职工作相关的信息，从而更好地改善工作，同时也可以将自己在工作中遇到的有价值的信息反馈给其他团队成员，这样也有助于其他团队成员更好地完成工作。当然，这并非是要求团队成员毫无保留地将自己所有的信息都透露给其他团队成员，而是对改进本人和其他团队成员工作有益的信息，都可以进行充分沟通。通过沟通，团队成员可以更好地了解自己的长处和弱点，促进自身的进步。通过沟通，团队成员能感觉到自己并非在单兵作战，而是在一个大家庭中与很多团队成员一起共同奋斗。通过沟通，团队成员能感觉到其他团队成员在关注自己，同时自己也可以帮助其他团队成员。在这样的氛围下，团队成员的工作干劲会更大。

最后，团队管理者要重视人性化管理。团队成员不仅是工作的机器，他们首先是人，有人的各种需求。团队管理者应该了解团队成员的需求、团队成员的生活、团队成员的兴趣和爱好。团队管理者可以定期举办一些活动，让团队成员在紧张工作之余放松身心。团队管理者也可以在团队成员过生日时送上问候或者小礼物。团队成员如果感到自己在团队中被当做“人”来对待时，他们会感到团队就像个大家庭，有一种暖融融的温馨，充满了人情味，也充满了乐趣。在这样的环境下工作，团队成员的心情自然就会愉悦，工作起来自然就有干劲。

【案例6】有干劲才会有业绩

2001年年底，小王到某公司从事人力资源管理工作。

以前在国营公司里，总有些上司看小王不舒服，每天就想着怎么教训他。可进入新公司的头两天，没有人教训小王，只是告诉他做自己认为有价值的工作。

进入公司的第三天，总经理找小王单独谈话，让他负责组织召开公司晨会。

进入公司的第四天，总经理让小王撰写一份人力资源管理制度，小王很快就写好了并交给了总经理。总经理对他说："你写得不错，有一定的创新。"

进入公司的第十天，总经理召集人力资源部和销售部人员开会讨论业务提成方案。总经理在黑板上不断地板书，讲销售成本，讲销售收入……这是小王平生第一次感觉自己的头脑不够用。总经理要求大家尽快拿出一个成熟的业务提成方案。

接下来的3天，小王白天请教财务部和销售部人员，晚上撰写业务提成方案。当小王将写好的业务提成方案交给总经理时，总经理用一种赞赏的目光注视了他很久，并单独与他谈话长达2个小时。从总经理的办公室出来，他觉得自己的工作真得很有意义和价值。

后来，小王经常加班加点地工作，他觉得自己身上有一股使不完的劲，使命感也越来越强了。小王知道，自己一定要把自身的事业与公司的发展紧密联系在一起。

付出就有回报，2个月后，小王成为公司创立以来唯一一名提前转正的员工，工资也拿到了4000元。小王意识到，以后自己一定要继续认真工作，以回报总经理对自己工作的认可。

管理者一定要激发员工的士气，因为员工士气高了，他们身上才会有使不完的劲，才能为企业创造更多的财富。

以身作则，身先士卒

团队管理者的榜样作用具有强大的感染力和影响力，是一种无声的命令、最好的示范，对团队成员是一种极大的激励。任何一个团队管理者以身作则、身先士卒的言行，都可能成为一种榜样。由于榜样深深地影响着团队成员的一言一行，所以，在推动工作的过程中，团队管理者要想激发团队成员的工作热情，最好的办法就是以身作则、身先士卒。试想，当团队成员看到团队管理者每天都以身作则、身先士卒地工作，他们还能不尽心尽力地工作吗？

实际上，在企业中，如果管理者能够以身作则、身先士卒地努力工作，以积极正确的示范做导向，那么这种工作热情和精神就可以调动员工的积极性，让他们形成一种积极向上的工作态度。反之，如果管理者不能以身作则、身先士卒地努力工作，只能使员工工作热情减退，对企业的发展前途失去信心。

三国时，孙策为了平定江东，每次冲锋陷阵他都在最前列。手下人很为他担忧，他却回答说："如果我不亲冒矢石，那么将士们又有谁会勇猛作战呢？"他正是以以身作则、身先士卒的做法去影响每一位属下，进而迅速地扫平江东，奠定了坚实的后方。

【案例7】玛丽·凯：为员工树立一个好榜样

美国玛丽·凯公司总经理玛丽·凯说："管理者不但应在工作习惯方面，而且应在衣着打扮方面为员工树立一个好榜样，管理者的形象是十分重要的……我只在自己的形象极佳时才接待客人。我认为，自己是一家化妆品公司的创始人，必须给人留下好的印象。因此，如果不能给客人留下好印象，我就干脆闭门谢客。我认为，要是让公司的员工看见我身上沾满了泥浆，那多不好！我的这些做法已经被传扬出去。有人告诉我，我们的全国销售经理中有许多人都在学我，都穿得十分漂亮，她们已经成为各自地区成千上万的美容顾问在穿着方面效仿的榜样。"

玛丽·凯非常注重管理者的榜样作用，因为她非常清楚管理者作为一个部门的负责人，其行为必定会受到整个部门员工的关注。她说："人们往往模仿管理者的工作习惯和修养，而不管其工作习惯和修养是好是坏。假如一个管理者常常迟到，吃完午饭后迟迟不回办公室，打起私人电话来没完没了，不时因喝咖啡而中断工作，一天到晚眼睛直盯着墙上的挂钟，那么，他的员工大概也会如法炮制。不过，员工们也会模仿一个管理者的好习惯。例如，我习惯在下班前把办公桌清理一下，把没干完的工作装进公文包里带回家，坚持当天的事当天做完。尽管我从未要求过我的助手和秘书也这样做，但是她们现在每天下班时，也常提着公文包回家。作为一个管理者，重任在肩，职位越高，就越应重视给员工留下好的印象。因为管理者总是处于众目睽睽之下，所以你在做任何事情时务必要考虑到这一点。以身作则、身先士卒的好处是，过不了多久，你的员工就会照着你的样子去做。”

启示

团队管理者应该以身作则、身先士卒地努力工作，这样，团队成员才能形成积极向上的工作态度。

顾全大局，甘当配角

提到迈克尔·乔丹，几乎没有人不知道他是 NBA 历史上最伟大的球员。而迈克尔·乔丹之所以伟大，不仅仅是因为他有全面的技术，能成为篮球场上的领军人物，更为重要的是，在赛场上，只要为了球队的胜利，他能付出任何不求回报的牺牲。可以说，正是他的这种团队意识和团队精神，成就了他和芝加哥公牛队。

当很多球员想着怎样争取更多上场的时间，怎样得分，怎样才能吸引观众的目光并成为媒体的焦点时，迈克尔·乔丹却可以放下巨人的架子、最伟大球员的光环，甘当配角，去助攻，去帮助队友防守。他这种为了大局而甘当配角的团队意识和团队精神深深地感染了队友，也为大家所钦佩。

不妨假设一下，如果迈克尔·乔丹不顾大局，在球场上只顾表现自己，那么，芝加哥公牛队还会成为 NBA 历史上最伟大的球队之一吗？迈克尔·乔丹还能成为世界上伟大的 NBA 球员吗？

所以，可以这样下结论：顾全大局，甘当配角，从表面上看自己是遭受了损失，但是从更深的层次来看，当配角的人同样也是赢家，因为你的谦让、你的付出,能使整个团队获得更大的成功。

【案例8】队长:顾全大局,甘当"梯子"

某公司有6名保安,当经理决定从他们当中选出一名当队长时,6个人都想当,并分别向经理自荐。其中有3个人自荐时,还捎带说了其他同事的坏话,比如某某在工作时间内闲聊,某某有抽烟、喝酒的不良习惯等。由于6个人都有想当队长的强烈愿望,经理决定通过比赛的形式选拔。

首先,经理把6个人分成甲、乙两组,每组3人,让他们徒手翻越一堵3米高的墙,当然墙的那一边铺上了安全垫。如果哪一组翻越过去,哪一组就是赢家。然后,那一组的3名成员再进入下一轮决赛,最终胜出者就是队长。

毫无疑问,3米高的一堵墙,如果不借助工具就无法翻越过去,而且经理给出的时间只有3分钟。怎样才能翻过那堵墙呢?

甲队的3名队员径直来到墙根下,其中一名叫王明的小伙子迅速蹲在地上,对另外两个人说:"快,你们踩着我的肩膀爬上墙头,然后再拉我上去。"

"这……",另外两个人有点犹豫。

"还犹豫什么?快上……",王明催促着。

于是,另外两个人踩着王明的肩膀迅速爬上了墙头,然后分别伸出一只手把他拉上去,3人一齐跳到了对面的垫子上。

经理满意地点了一下头,甲组的3名队员整个翻墙过程只用了2分30秒。

再看看乙组。乙组的3名队员还在争论着，而且声音越来越大。3个人中身材最高大的张正秋大声抗议道："什么？让我当梯子，你们踩着我的肩膀上？不行！我又不是木头，你们踩在我肩上多痛啊！再说，谁能保证你们俩上去后会伸手拉我呢？"

"你不当梯子，我也不可能。我感冒了，我身体还虚着呢！"小个子李征说。

就在3人还在争论不休的时候，经理走过来说："别争了，你们谁也不用当梯子了。"

"啊，经理。我们可以不通过这一关就直接进入下轮比赛吗？"乙组的3名队员高兴地问。

"是的，你们可以不过这一关了，因为你们已经超过了规定时间。但是，你们也用不着参加下轮比赛了。"经理说完，径直走了。

甲组之所以能顺利地进入下一轮比赛，离不开他们团结一致、齐心协力的精神，更离不开王明甘当人梯的大局意识。假如甲组的3名队员也像乙组的3名队员那样，谁也不愿当"梯子"，那么谁也别想翻过墙头，进入下一轮比赛。

启示

作为管理者，你不可能在没有支持和帮助的情况下独立完成自己的全部工作，你需要下级、领导、同事的支持，你永远不能脱离团队的支持。如果没有团队的协助和支持，谁都无法获得持久的成功。更为关键的是，如果你不顾大局，不愿当配角，那么别人也会如此"回报"你，那你想当"主角"的机会也就遥遥无期了。

帮助团队成员就等于帮助自己

在工作中，帮助团队成员的同时，其实你也是在帮助自己。在帮助团队成员的同时，你会发现最快乐的是自己，并且你从中还会增强自己处理问题的能力；你会收获一种十分难得的强者的感觉，而这种感觉将激励你奋发图强，走向成功。

你给别人的越多，你的收获也就越大。也许你种下的只是几粒花种，但你收获的会是整个春天。

约翰向一位农场主推销自己新生产的收割机。到达农场后，他才知道已经有不少推销员已经来过但都被拒绝了。尽管如此，他还是满怀信心地向农场走去。在路上，他无意中看到花圃里有一些杂草，便走进花圃顺手将杂草拔掉。他这一毫无意识的动作碰巧被出门的农场主看见了。

约翰见到农场主后，刚说明来意，农场主就挥手打断他说："不用介绍了，你的机器我要 5 台，请尽快交货。"

约翰很吃惊地问："我非常感谢您订我的货，但我的机器您都没见过，就如此痛快地订购5台，到时不会反悔吧？”

农场主说：“我的确需要5台收割机，货到马上付款。至于为什么没见过你的机器就决定要，其实你的行为已经明白地告诉我，你是一个乐于助人、诚实守信、有责任感的人。”

与人方便，就是与己方便，帮助别人就等于帮助自己，这是每一位管理者必须培养的团队精神和团队意识。

世上很多事看似没有关系，其实都是互相关联的。所以，管理者做工作时千万不要只关注自己眼前的事，要知道工作中与自己“无关”的事不一定对自己没有影响。因为工作有连续性，你的工作可能是过去某项工作的延续，或者是未来某项工作的基础，而且可能还会涉及多个部门或岗位。

工作有很多中间环节，彼此间需要协调。有的管理者在做某件事情时往往偏重于自己本身所应完成的部分，将工作交代给下属员工之后便听之任之。可以说，这种管理者缺乏团队精神和团队意识。

正如企业管理专家阿瑟·卡维特·罗伯特斯所言：“优异的成绩都是通过一场相互配合的接力赛取得的，而不是一个简单的竞争过程。”

【案例9】丹尼尔：助人等于助己

20世纪50年代初期，有个叫丹尼尔的年轻人，从美国西部一个偏僻的山村来到纽约。然而，对于没有进过大学校门的丹尼尔来说，要想在纽约这座大都市中找到一份称心如意的工作，简直比登天还难。实际上，几乎所有的公司都拒绝了他的求职请求。

就在丹尼尔心灰意冷之时，有一天，他接到一家日用品公司让他前往面试的通知。他兴冲冲地前往面试，但是面对主考官彼得有关各种商品的性能和如何使用的提问，他一个问题也答不上来。说实话，摆在他眼前的许多东西他从未接触过，有的甚至连名字都叫不出来。

眼看唯一的机会就要消失，在转身退出主考官彼得办公室的一刹

那,丹尼尔有些不甘心地问:“请问阁下,你们到底需要什么样的员工?“

主考官彼得微笑着告诉他:“这很简单,我们需要能把仓库里的商品销售出去的员工。”

回到住处,回味着主考官彼得的话,丹尼尔突然有了一个奇妙的想法:不管哪个公司招聘,其实都是在寻找能够解决实际问题的员工。既然如此,自己何不出去主动寻找那些需要帮助的人呢?

不久,纽约的一家报纸刊登了一则颇为奇特的启事。启事中有这样一段话:谨以我本人信用作担保,如果你或者贵公司遇到难处,需要帮助,而且我也正好有能力给予帮助,我一定竭力提供最优质的服务。

让丹尼尔没有料到的是,这则并不起眼的启事登出后,他很快就接到了许多求助电话和信件。

原本只想找一份适合自己的工作的丹尼尔,这时又有了更有趣的发现:老约翰为自己的猫咪生下小猫照顾不过来而发愁,而玛丽却为自己的宝贝女儿吵着要猫咪却找不到卖主而着急;北边的一所小学急需大量鲜奶,而东边的一处牧场却奶源过剩……诸如此类的事情一一呈现在他面前。

丹尼尔将这些情况分类整理,一一记录下来,然后毫不保留地告诉那些需要帮助的人。而他也在一家需要业务员的公司里找到了适合自己的工作。他上班后不久,一些得到他帮助的人给他寄来了汇款,以表谢意。据此,丹尼尔灵机一动,辞了职,注册了自己的信息公司,业务越做越大,很快他就成为纽约最年轻的百万富翁之一。

如果你帮助其他人攀登山峰,当你帮他们登上山顶时你也就上去了;如果你帮助其他人获得他们需要的东西,你也能得到你想要的东西,而且你帮助别人越多,你得到的也就越多。

【案例 10】张兆强：用真情实感带队伍

大港油田井下公司修井一分公司104队党支部书记张兆强曾多次荣获大港油田“先进工作者”、“优秀共产党员”等称号，他所带领的党支部也先后获得“大港油田优秀领导班子”、“先进党支部”等荣誉称号。

由于长年累月在野外施工，条件艰苦，干起活来没有时间概念，尤其是每逢生产关键时刻，一天要同时运转3台修井动力，修井一线员工容易产生不安心工作、心绪烦躁等情况。为稳定队伍，张兆强注重从感情融合和思想沟通上解决根本问题，除深化“形势、任务、目标、责任”等主题教育活动外，还通过党员、干部、骨干分片承包的办法，将思想工作和沟通交流做到人头，做到家庭，从生活上关心，从精神上慰藉，有效地调动员工的工作积极性和自觉性。

“随风潜入夜，润物细无声”，这是张兆强非常欣赏和追求的一种境界。他经常利用施工间隙或者吃工作餐的机会，和大家交流，发现问题及时解决。有一次，他发现一个平时挺活泼的小青年有些打蔫，经了解，这名员工因迷恋赌球，最近把家里输了个精光，为此妻子死活要跟他离婚。得知这种情况后，张兆强就一次次地登门劝解，耐心地开导说服，并当着这位员工妻子的面严厉批评这位员工的错误行为，鼓励他学技术、钻业务、走正道。最后，这名员工成长为104队中的一名技术骨干。现在，他的家庭和睦了，生活得非常幸福美满。

一桩桩、一件件“随风潜入夜，润物细无声”的小事，温暖着员工的心，他们深切感受到张兆强就像自己的兄长。在这位兄长的带领下，104队员工队伍稳定，处处争先创优，施工合格率为100%，优良井率达到98%以上。

启示

员工都是有感情的，只有用真情实感带队伍，把员工当成亲人，员工才会和管理者心贴心。

第六章

共同成长：为员工制定生涯规划

员工的成长就是企业的成长，以人为本的企业会通过人文关注、人性理解、人道关怀、人情关爱、人格尊重，从精神层面满足员工的成长需求。一个成功的管理者不仅会教育和培训员工，还会帮助员工制定职业生涯规划。

员工的成长就是企业的成长

企业中的每个人都渴望成功，当管理者渴望成功时，千万不要忘记员工也渴望成功。管理者如何才能成功？秘诀恰恰在于确保员工成功。《论语·雍也》中说："己欲立而立人，己欲达而达人。"意思是说，自己想有所作为，就要尽心尽力地让别人有所作为；自己想在事业上顺畅通达，也要帮助别人飞黄腾达。只有帮助员工成长，管理者才能赢得员工的信任与好感，建立起共享合作的关系，凝聚企业竞争力。

著名的心理学家马斯洛提出的需求层次理论认为，人类的需求被分为生理需求、安全需求、社会需求、尊重需求以及自我实现需求，自我实现是人类精神需求的最高层次。

今天的企业要面对员工在企业中充分发展的要求：员工追求成长，期望比现在更美好的生活、更短的工作时间、更丰厚的收入，希望从工作中获得更多的尊重和发展。还有些员工原本想自己做老板，几经思考后认识到：如果伴随企业的成长，个人也能发展，这比自己白手起家更实际、更快，他们期望企业为自己创造一个内部创业的机会。

可以说，优厚的薪水已不再是企业调动员工积极性的主要手段，其他的福利、户口、住房公积金、员工持股计划起了一段时间的促进作用后也日趋平淡，员工要求减少枯燥单调的事务性工作，希望工作内容更创新，工作环境更舒畅，人际关系更友善和谐，工作效率更高，工作的自由度更大，工作心情更愉快。员工希望通过培训和锻炼，使自己知识更全面，视野更开阔，创意更大胆，去尝试一些以往只有管理者才有机会做的工作，期望在能力提高的同时职位也能提升，可以调动掌控更多的资源，面对更具挑战性的目标，站得更高，看得更远，干得更潇洒，拥有自我实现的成就感。员工希望自己的付出能得到合理的回报，希望管理者能够关心并安排自己将来的发展，希望企业能为自己创造发挥个人能力的舞台。

员工更希望利用支配权来展现自己的才能。因此，给予员工相应的地位和权力是发挥其才能的关键。企业应该确定员工的责任、权力和利益，给予员工实现个人理想的机会。因为只有这样，员工才会认识到只要自己工作努力，只要自己有本事，就一定能够向更高处发展。而如果自己的才能得到了发挥，有希望或能够实现自己的人生目标，那么只要报酬方面不是太低，生活上还过得去，员工就不会轻易离开。因此，对于员工来说，其流失的主要原因是“才能不能发挥”和“人生目标不能实现”；对于企业来说，不仅仅是要雇佣员工，更重要的是让他们发挥才能和优势，要为他们提供更好的发展机会。要知道，当物质利益趋向稳定时，工作环境特别是软性方面的工作环境就将成为员工的首要考虑对象。

一个企业的发展，必定会经历一个周期。如果后续员工不能守成或者不能开创新的局面，企业就会陨落。企业能否永续经营，猎取和留住优秀员工是最大的关键。留住优秀员工，仅仅靠优厚的待遇是远远不够的，真正优秀的员工更看重工作成就和生存空间。因此，管理者要让员工看到企业和他们都有一个很好的前程，用可持续发展留住他们。

当今时代是知识经济时代，学习应该成为工作的一部分。员工不提高自己就可能被淘汰，员工有学习发展的机会就容易留下来。没有哪个员工敢说自己现在的知识已经完全够用，不需要再学习了。也没有企业会喜欢停滞不前的员工，因为停滞不前就意味着被时代甩下，也意味着离下岗为期不远了。有很多员工都认为教育和培训是企业为他们提供的最好福利，因为他们知道教育和培训是提升的前提，只有不断充电，不断更新知识结构，才能适应企业未来的发展。这就会促使员工与企业共同成长，企业最终能留住自身成长所需的优秀员工，优秀员工也能为企业的成长添砖加瓦。

如果说员工是企业里的一粒种子，那么企业则是培养这粒种子的厚土。反之，如果说企业是船，那么员工便是水，没有员工的努力与支持，企业的发展与辉煌将是一枕黄粱美梦。员工与企业的同步成长，是一种双赢的结果，遗憾的是许多企业未能做到，甚至没有认识到人力资源开发利用的成功与否决定了企业的生存水准和发展速度。

企业的成长和员工的成长其实是一致的，它们的关系就如同天平上的两个秤盘，偏向哪一方都将是一个错误。员工渴望发展，企业不进则退，为什么还有许多企业存在令人心寒的人员流失现象呢？为什么许多企业三番五次打出“重金诚聘贤才”的广告，却总是进一批走一批呢？这一方面是因为员工的能力跟不上企业发展的要求，要求必须提高人员招聘的科学性，加强员工的培训和考评，实行优胜劣汰制，及时补充后备人才，把握人员变动的主动权；另一方面是因为企业的发展不能满足员工的期望，造成人员流失，而这对于员工、对于企业都是一种浪费。员工在新企业必须从较低的工作岗位开始做起，必须花一段时间熟悉新企业的运作模式；对于企业来说，则必须对新员工进行试用、培训和考核，使新员工与企业文化协调融洽，这就需要一笔无法避免的大额费用的投入。

【案例1】高露洁：让员工与企业同步成长

百货店和超市中那些琳琅满目的牙膏柜台告诉我们，牙膏似乎并没有太大的发展空间。无论是在偌大的华尔街，还是在高速成长的中国金融街，很少有人相信，生产牙膏的高露洁在过去的10多年里获得了巨大的成功，不仅成为“口腔护理专家”的代名词，而且其市场业绩超出了长期最被人关注的那些企业。而这一切主要得益于高露洁不断地从小处着手提高效率，在营运过程中节省每一分钱，在市场营销上做到无处不在。

无疑，高露洁是在“细致”中做到快速增长的。而不可忽视的是，作为支撑其发展的人才和人才机制，同样也是“细致”的。高露洁强调的是关怀备至和精益求精，要求员工每一天每一处都要做到最好。高露洁认为，只有建立一种让员工与企业同步成长的机制，才能保证企业成长的同时员工也在成长。在高露洁人力资源部门任职超过20年的陶心贤认为，同公司发展战略相匹配的优秀人力资源，为高露洁的市场竞争和扩张提供了足够的驱动力和优势；在这个同步发展的过程中，高露洁就是员工的重要协助者与合伙人。

让员工与企业同步成长，是高露洁经营管理最重要的一个方面。这种共同成长，由高露洁的企业精神去带动，高露洁的企业精神在全球40 000多名员工身上体现着，并且带领公司实现了业务目标。包括“关怀”、“全球团队合作”以及“不断改善”在内的核心价值观则为高露洁吸引了杰出的员工队伍，这支队伍帮助高露洁在全球推出了优质的产品，改善了人们的生活。

高露洁为每个部门都制定了完善的培训课程，每年都会投入巨额经费，确保每位员工都得到相应的培训。和其他公司不同的是，在这些培训课程中，高露洁安排了很多配合公司核心价值观的培训。比如，高露洁启动的一个名为“高露洁——以人为本”的课程，目的就是让高露洁人理解如何支持和鼓励各种不同背景的员工，以求顺利实现员工个人的目标以及公司的目标，同时也帮助高露洁人认可、珍视以及尊重他人做出的个人贡献。总之，高露洁相信只有共享创意、技术和资源，才能保证利润的持续增长，而类似的培训就是要让所有高露洁人在全球范围内不分国界地进行合作。

高露洁另一项内部培训课程也很有代表性。这个名为“商务诚信——在工作中体现高露洁价值观”的培训课程，目的就是要让高露洁人了解如何以诚信、道德的手法经营业务的知识。该课程强调广泛意义的具有道德的商业行为，以求避免不可接受的行为。无疑，这是针对高露洁提倡“关怀”的核心价值观，“承诺在任何情况下都体现同情、正直、老实”，“关怀员工、消费者和业务合作伙伴”而开设的培训课程之一。

毫无疑问，这样的培训，使得高露洁在业务遍地开花的情况下，不仅可以做到始终如一地贯彻公司发展战略，而且可以保持销售和利润的迅速增长。

一支常胜的队伍肯定是一支卓越的团队。高露洁对员工的尽心尽力足以保证它在商业市场的信心，对员工的精心培训也有助于其经营业绩的持续成长。

满足员工的成长需求

新的员工进入企业时，很多企业都会给他一个承诺：企业的发展是员工的发展，员工的价值实现是推动企业进步的原动力。如果你表现得很好，一年或者半年以后，企业就会给你安排升迁。可是，这些企业忽略了一点，仅仅给一个承诺是不够的，企业还应该真正为员工提供成长空间。

在企业经营中，如何才能真正做到“以人为本”呢？说到底，以人为本就是要满足员工的成长需求。

首先，企业要以员工为出发点和中心。员工是企业中的第一资源，其他资源都要通过员工的劳动和创造才能得到科学运用，进而转化成经济效益和社会效益。员工的一言一行是通过思想来支配的，只有解决了员工的思想问题，才能促使其自发产生工作动力和劳动积极性。

其次，企业要围绕激发和调动员工的主动性、积极性和创造性来展开管理。企业应着重从尊重员工、分权经营等方面体现人性化管理的原则，充分尊重员工的意愿和利益，积极为员工提供良好的发展机会与条件，促使员工充分释放潜能、创造效益。

再次，企业要致力于员工与企业的共同发展。企业应尊重员工、关心员工、培养员工，实现员工与员工之间、员工与企业之间充分、和谐和广泛的协作。

最后，企业要把严格的刚性管理和柔性的人文关怀有机结合，培养员工对企业的归属感。规章制度的建立与实施是通过规范员工的言行来体现的，而员工的品质、意识、观念及诸多要素从各个层面上也影响着规章制度的形成与完善，企业只有把严格的刚性管理与柔性的人文关怀有机结合起来，才能让员工对企业有归属感。企业应该坚持以人为本，变“训导、训服”为“启发、自觉”，实行“无情管理、有情操作”，通过人文关注、人性理解、人道关怀、人情关爱、人格尊重，从精神层面满足员工的成长需求。

的确，在现在的经营环境下，企业一定要给员工成长的机会。有些管理者做事，喜欢大小权力一把抓，大小事情统统自己动手，员工只能当他的助手，搞得自己整天忙得像只无头苍蝇。实际上，如果管理者任何事都亲自过问，员工也将乐意将问题上交，统统由管理者去处理。他们可能会为会计改正账目差错，而不是退给会计自己去改；他们可能会亲自动手起草销售计划，而不是交给销售经理去起草；他们可能会把困难的工作留给自己去做，因为他们认为别人胜任不了这种工作，亲自去做应该更有把握。如果管理者总是这样大包大揽，员工就没有任何学习成长的机会。

最重要的，管理者对员工的培养，不是让他们“学会什么”，而是让他们“会学什么”。管理者应该让员工学会独立思考，发现问题、提出问题进而解决问题，从而促进员工不断成长。

在等级制度严格的企业里，许多管理者可能忽略了这样一个事实：

员工的头脑和智慧可能只有5%运用到了工作当中。我们经常看到许多管理者抱怨员工缺乏能力、不能独立行事，其实大多数员工都比较能干。

作为管理者，你可以看看员工工作之外都做了些什么。由于没有组织的约束，大多数员工在工作之外都能有效地发挥自己的作用，他们不仅可以维持自己和家庭的生存，而且能够正确地做出开支数万元的决定，他们将家庭治理得井井有条，他们工作之余也具有创造力。有些员工可能擅长写作、演奏音乐、喜欢运动，有些员工可能喜欢参加一些社会活动，还有些员工通过合理理财尽力改善生活质量。作为管理者，如果你不深入到员工中去，这些东西你是无法知道的。令人遗憾的是，员工在工作之外的这些创造力和智慧很少能够转化到他们的工作中去，而在一个等级制度严格的企业里更是如此。

作为管理者，你必须充分相信和认可员工。你给予他们的自由度越大，他们做出的事情就越成功。当你真诚地信任员工时，如果他们对你安排的某一项工作确实无法胜任，他们会主动要求更换更适合的工作，这实际上是对你负责，他们比那些勉强答应但最后将工作搞得一团糟的员工更加诚实而富有责任感。

作为管理者，你的角色应该是员工的顾问、助手、教练、导演、支持者、监督者、听众等。你应该给他们充当调节剂，当他们情绪低落时使之高涨，当他们过于发热时使他们保持冷静。你需要做的是：为他们的工作指引方向，给他们提出一些充满智慧的建议，帮助他们作出适度的调整与平衡。

【案例 2】龙永图：不侵占下属的发展空间

龙永图成为国人皆知的焦点人物始于中国的“入世”谈判。他于1992年出任外经贸部(现商务部)国际司司长后，开始参加中国的复关谈判。1994年，他被任命为外经贸部部长助理。1997年，他又被任命为外经贸部副部长。1995年1月至2001年9月期间，他作为首席谈判代表，在第一线领导并最终成功结束了长达15年的中国加入世贸组织的谈判。

当中国成功加入世贸组织后，龙永图最担心的一件事是让他出任世贸大使。于是，他主动与当时的分管副总理吴仪交流，希望不要让自己出任世贸大使。人们都非常奇怪他为何做出此决定，因为他可是最合适的人选。龙永图的回答让太多的人感到意外。他说：“如果我去担任此职位，那就意味着所有的下属都要听我的意见，因为我参与了整个谈判，最具权威。这样既侵占了下属的发展空间，更局限了他们工作的创新思维，从而导致开拓性工作的制约，也会影响到中国与世贸组织及各国贸易的发展。”

给员工发展空间和成长机会，方是智者所为。

【案例3】联想：事业留人

联想集团之所以能有今天的辉煌，与其拥有众多优秀员工是分不开的。那么，联想是如何留住这些优秀员工的呢？

在旗帜的海洋里，一杆特大号的旗帜带领着一彪人马在铿锵而行。这杆大旗是民族工业的主流，是当今IT领域的主力军。一个有着良好前景的公司，自然会吸引和激励更多的优秀员工投身其中，加入这样的队伍自然会获得钦佩的目光。

联想董事长柳传志看到了这一点，他也着重在这方面倾力打造联想的品牌，一有机会他就会在联想内外透露联想的“企图”：要进世界500强，要做中国的IBM！如此一来，自然会激励员工个个争先、奋勇向前。

就这样，柳传志的精神鼓舞着员工，联想的目标激励着员工。联想日益强大，越“长”越像“中国的IBM”。不管“世界将会怎样”，更多的员工都不想“失去联想”，这就是联想获得成功的原因。

真正聪明的管理者会用充分的发展空间、工作的挑战性和各种各样的成长机会，去吸引自己想要的员工，而不是苦苦地口头挽留员工。

尊重员工的私人时间

《礼记》中说："君子贵人而贱己。"意思是说，君子尊重他人而保有自己的谦恭。马斯洛需求层次理论也指出人有尊重的需要，每个人都希望自己有稳定的社会地位，希望自己的能力和成就得到社会的承认。马斯洛认为，尊重的需要得到满足，能使人对自己充满信心，对社会满腔热情，体验到自己活着的意义和价值。安利公司创始人之一的狄维士经由多年观察对此深有体会。他认为，一个好的管理者必须能够"绝对尊重他人"，唯有如此才能得到同事、下属及顾客们的真诚回报——"尊重"。

实际上，尊重员工是所有企业成功的基本前提，我们很难想象一个不尊重员工的企业能够基业长青。很多成功的企业都把尊重员工作为其基本信仰或者价值观，如沃尔玛公司的三项基本信仰之一就是"尊重个人"，星巴克公司的使命宣言的第一条就是"创造相互尊重、相互信任的工作氛围"，IBM 公司的基本价值观之一就是"尊重员工"。

每个人都渴望获得别人的尊重，员工也不例外。员工首先是一个追求自我发展和实现的个体人，然后才是一个从事工作有着职业分工的职业人。如果员工作为个体人得到了管理者的尊重，其自我发展和实现的欲求得到了重视和满足，他们才更愿意高效率地完成管理者的工作指令。学会尊重员工，是作为管理者的你走向“以人为本”的人性化管理的第一步。当员工向你提出建议时，这个建议可能并不符合企业的现实情况，但提出建议本身就应该得到尊重，这个时候你应该尊重他的工作责任心，欣赏他提出建议的勇气。其实，在企业中类似的小事还有很多。如果你换种眼光，从尊重员工的角度来审视他们的工作，你就会发现他们身上都有很多可圈可点的优点和特长。如果你将这些优点和特长不断地加以放大，并且在企业内部不断地传播，这些优点和特长就会成为企业的宝贵财富。

日本松下电器公司有个员工曾说：你把我当做一流的员工，你便会得到一流的结果；你把我当做三流人员对待，我就给你做三流的工作。

有一位这样的老板，公司成立之初，因为资金紧张，工资常常不能按时发放，因此他对所有的员工都很尊重，和员工在一起就像是一家人，对员工的错误也是轻言细语地指出，所有的员工都非常喜欢他，从而卖命地为公司工作，而且从来不会在意工资什么时候发放。在这种团结向上的氛围中，公司迅速发展壮大，两年多的时间员工人数增长了 10 倍，营业额翻了好几番，工资不仅能够按时发放，而且比起公司成立之初也长了一大截。这样的发展趋势，可以想象创业元老都已经成为中坚力量，他们每个人都应该更加积极努力地工作。可是奇怪的现象发生了，创业元老在短短几个月之内就全部离开了公司。为什么会这样呢？其实所有的创业元老离职都出于同一个原因：老板不再尊重自己。自从公司从亏损转为赢利而且一步步地发展壮大，老板的脾气也越来越大了，原来那个和蔼可亲的老板不见了，对员工再也没有了原来的尊重。对出错的员工，他不仅破口大骂，而且动不动就威胁说要炒人家鱿鱼。在这样的环境下工作，压抑、没有尊严，于是人才流失成为常态。

像上面这位老板一样的管理者有一种家长作风，一出问题就大骂员工，他们不懂得尊重员工，自然也就无法赢得员工的心。要知道，在国内，大多数的员工都存在一种漂泊的心态，在哪家企业打工关键是看自己的心态，受到尊重他们心态就好，受不到尊重他们就用脚投票。所以，管理者还是对自己的员工多一份尊重为好。

【案例 4】让员工过好节假日

张某是一家大型制造类企业的采购经理，在工作上颇有成就，深得高层领导的赏识。他对下属管理严格，总是想方设法地占有员工的时间。在他的高压下，员工总有做不完的工作，即便有些工作没有任何意义。

张某还要求自己的员工养成“早到晚退”的习惯，让员工每天陪自己加班 1 个小时，既使员工无事可做，也要陪伴在自己身边。假如员工没有养成这种习惯，要么再无出头之日，要么就是莫名其妙地接到调职或解雇的通知。另外，他也将员工的节假日进行了重新规划，以适合自己工作的需要。有时员工如果将午休的时间全部用来休息，也会引起他的不满。

张某的举措显然引起了员工的怨言，他们抱怨张某丝毫不尊重自己，自己时时刻刻都被张某管制和监督。这不，员工小马已经开始采取行动，他不仅断断续续地请假，而且以各种理由和借口逃避张某的工作检查，另外他还偷偷地在找新工作。

启示

员工需要的是流畅的工作流程，高效的团队合作，尊重自己的管理者的指导，而不是事事被安排，时时被监督。他们更愿意在工作中展现自己的个性，体现自我的价值。

挖掘员工潜能

潜能创造了现代人类、创造了现代社会、创造了现代文明。员工是企业创造财富的主要源泉，是企业巨大的智慧财富，是一座座金矿，蕴藏着巨大的潜能，管理者一定要把员工的潜能挖掘出来。

管理者在组建自己的团队时一般都不会漏掉任何一个优秀员工。优秀员工既不是天生的，也不是后天制造出来的，而是在释放自己潜能的过程中不断成长起来的。

“扶不起的阿斗”是指那些在企业管理者的眼里“一无是处”、“完全不行”的员工。很多管理者对这种员工都抱着完全绝望的态度，弃而不用，既浪费了人力资源，又让那些所谓的“扶不起的阿斗”深受挫折，这种做法是失败的。

那些“一无是处”、“完全不行”的员工，真的是“扶不起的阿斗”吗？答案是否定的。

在一望无际的大沙漠中，一只母狐狸养了一窝小狐狸。当小狐狸刚刚长到能独自捕食的时候，母狐狸就把它们统统地赶了出去。幼小的狐狸因为恋家，不愿意离开。可是母狐狸却毫不留情，对它们又咬又追。有一只小狐狸的眼睛瞎了，看起来很可怜，但是母狐狸也没有给它特殊的照顾，照样把它赶得远远的。母狐狸告诉它："你要勇敢地走出去，因为没有谁能养你一辈子。"于是，那些小狐狸从离开家的那天起便逐渐成长起来，而且就连那只瞎眼的小狐狸后来也学会了靠嗅觉来寻找食物。

由此可见，管理者对于企业中那些"一无是处"、"完全不行"的员工不必感到绝望。即便是那些"扶不起的阿斗"，也肯定有潜能没被发掘出来。事实上，他们之所以被称为"扶不起的阿斗"，或许正是由于他们的潜能尚未被发掘的缘故。管理者应该切记，珍珠的价值在于它本身，而员工的价值在于他的能力。即便是那些"一无是处"、"完全不行"的员工，如果管理者能够有针对性地给予指导，再加上教育和培训，他们其中的有些人也是有价值的，因为"扶不起的阿斗"身上同样具有潜能。

商业竞争异常激烈，你也许根本没有时间去了解和指导自己的员工，那些表现不佳的员工对于你而言只能落得个"辞退"的下场。但请你记住：你的业绩取决于员工的能力，如果你忽视了这个事实，最终会危及你自己。一个成功的管理者应该是一个善于挖掘员工潜能的人，你不仅要让员工了解工作任务以及最新的生产方法和技术，而且要帮助他们学习自己不懂的东西，使现有知识更加完善，让他们相信自己蕴藏着无限潜能并热爱工作。在这种情况下，不仅他们的工作会取得进步，而且整个团队的士气也会得到提升。

人的大脑的记忆容量非常大，以至于能将世界上最大的图书馆的所有信息都记录进去，只是人类没有把自身的潜能完全挖掘出来。管理者应该认识到：不要放弃任何员工，要重视他们，教育他们，使他们能发挥所长，为企业尽个人的能力。员工的培养，不仅需要假以时日，更需要花费精力。培养员工，要有耐心和眼光，而这绝非一朝一夕之事，有耕耘才

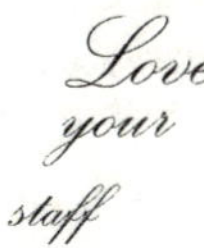

会有所得。全面了解员工，支持员工进步，挖掘员工潜能，不断提高员工的素质和能力，将会给企业带来巨大的回报。

【案例 5】从不给员工机会的管理者不是好的管理者

美国著名管理学家哈默有一位纽约客户，他从来不给员工成长的机会。当他在自己的办公室时，除了要与客户电话联络之外，还要处理公司大大小小的事情，每天都忙得不可开交。每次到纽约出差，哈默都要约他早上 6 点 30 分钟见面，他必然会提前 3 个小时起床，处理公司转来的传真，处理完后再将传真回传给公司。

哈默向这位纽约客户指出，他做的事太多了，而他的员工只做简单的工作，甚至不必动脑筋去思考，也不必承担任何责任与风险，像他这种做法，优秀的员工不可能留下奉陪到底。而这位纽约客户说，员工没有办法做得像自己一样好。对此，哈默向他指出两点："第一，如果你的员工像你一样聪明，做得和你一样好的话，那他就不必当你的员工，早就当老板了；第二，你从不给他们机会去尝试，怎么知道他们做不好呢？"

管理者最容易犯的错误是总觉得自己比员工聪明，于是对任何具体工作都大包大揽、指手画脚。这样的管理者往往会失败。优秀的管理者从不认为自己在任何方面都比员工聪明，他的长处在于挖掘员工的潜能，促使他们不断成长。

【案例6】土光敏夫：让每个员工发挥自己的所长

土光敏夫就任东芝社长的时候，已经68岁，但是他一点也没有老态龙钟的样子。为了了解实际情况，他遍访东芝设在日本各地的33家工厂和营业所，而时间通常是在晚上。当然，这主要是因为他在白天不可能有空闲的时间。但是更主要的是，这是他一贯的工作作风，他很愿意和自己的员工们交谈，了解他们的酸甜苦辣，了解他们的人生理想和人生目标，而且他自己也乐在其中。

一次，土光敏夫来到川崎的分厂，厂里的工人说：历任社长从未来过，如今土光敏夫社长一来，鼓舞了大家的士气，我们的干劲大增。

在东芝，土光敏夫提倡实行"长期经营计划"，广泛征求来自上上下下各方面的意见。土光敏夫说："我一向奉行重担子主义，也就是说，人的工作情况必须在工作能力之上。比方说，这个人可以拿起100公斤的东西，那么实际上就应该交给他120公斤重的东西才成。如果不赋予重任，那是一种罪过。如果要做到尊重人，那么就应该给他重任，这样可以激发出他的创造力。"

土光敏夫认为，仅仅这样做还不够，管理者还应给员工提供良好的工作环境，让每个员工发挥自己的所长。

一个卓越的管理者是一个关爱员工的管理者，也是一个善于听取员工意见、激发员工潜能的管理者。

对员工进行教育和培训

把员工培养好、把团队建设好，这样的企业自然就有了源源不断的发展推动力。员工成长，企业才能发展，企业需要优秀的人才，更需要卓越的团队。人才如何从优秀走向卓越？教育和培训是最好的途径之一。“我的主要工作是培养人才。我就像一个园丁，给公司员工浇水施肥。”通用电气公司前 CEO 杰克·韦尔奇如是说。

一个企业要想成为一个结实耐用的木桶，首先要想方设法提高“短板”的长度，只有让所有的板子都维持“足够高”的高度，才能充分体现团队精神，完全发挥团队作用。在这个充满竞争的年代，越来越多的管理者意识到，只要企业中有一个员工的能力很弱，就足以影响整个企业达成预期的目标。

要想提高员工的竞争力，使他们不断成长，最好的办法就是对员工进行教育和培训。企业培训是一项有意义而又实实在在的工作。优秀企业的员工，都很乐意接受教育和培训。

第一，注重人格的培养。名刀是由名匠不断锻造而成的。同样的道理，人格培养也要经过千锤百炼。缺乏应有的人格培养，员工就可能丧失商业道德。

第二，注重员工的精神教育。对员工精神方面的教育，是身为管理者的责任。企业需要培养员工的向心力，让员工了解企业的创业动机、使命和目标。

第三，培养员工的专业知识和正确的价值判断。没有足够的专业知识，就不能满足工作上的需要，但如果员工没有正确的价值判断，也就等于乌合之众，无法促进企业以至社会的繁荣。

第四，培养员工的竞争意识。员工有了竞争意识，才能彻底地发挥自身潜能。

总之，企业要有步骤、有计划、分阶段地采取集中培训、轮岗锻炼、工作加压等手段帮助员工进行自我提高。同时予以及时评价，使员工认识自我、修正自我，进而产生与企业同命运、共发展的内在动力和创新能力。员工的成长是一个不断提升自我的过程，以企业为主导的教育和培训应成为辅助员工成长的一种有力工具。重视通过教育和培训提升员工的工作能力，变利用员工的能力为开发员工的潜能，这是员工管理的新方向。

【案例7】新得利：给每一位员工以培训机会

成都新得利电子有限公司总经理黄利民认为，一个企业得以快速发展的基石在于有一个非常好的团队，而一个好的团队必须由优秀的员工组成。

通过长期、系统化的培训，新得利公司员工的个人素质、社会责任感、忠诚度、执行力等方面都得到了较大提高。2008年，新得利公司在西昌中标了一个项目，陆续投入相关设备和人力成本数万元之多。但是，受金融危机影响，发标客户濒临破产边缘，回款便成了问题。当然，几万元的前期投入对新得利公司来说不算很大，在这种情况下收不回款项也是很正常的事情。所以，在这个项目的回款上，新得利公司也没给负责此项目的员工施加什么压力。但是，该员工以高度的责任感，认真地将培训中学到的“负责任”落到了工作的点滴之中。为了公司的利益，他自愿在农村扎根20多天，与发标客户进行深入沟通，最后成功地将该笔款项收回。为此，他还获得了新得利公司特别颁发的“2008年度责任成就奖”。

新得利公司实行全员普惠培训，只要是公司员工（含试用期、见习期）都能享受，负责送货的员工也有资格参加培训。在新得利公司的培训体系中，除了专业内训、外训之外，团队中和团队间也建立了很好的交流学习机制。2008年，新得利公司又派遣骨干员工赴泰国培训，填补了赴国外培训的空白。

黄利民认为，现今市场竞争激烈，核心是人才的竞争，有了适合的人才，企业才会有生存的基石。大企业做文化，小企业做事情，成长好的企业都有良好的企业文化推动。企业的竞争就是人才的比拼，企业应该是一个人才表演的舞台。一个人的成长分为相对成长和绝对成长。相对成长很简单，也就是待遇问题。而员工的绝对成长还包括个人能力素质的提高、事业成就感等诸多方面。通过培训，公司能帮助员工在绝对成长方面走得更远，飞得更高，也形成了公司对人才的吸引力。

“通过培训，让员工认识到工作不是任务驱动型的，而是个人对目标的追求过程，形成个人责任感，重视客户价值，将攻无不克，战无不胜。”黄利民如是说。

启示

培训能增强员工对企业的归属感、责任感和主人翁意识。企业对员工培训得越充分，越能发挥人力资源的高增值性，从而为企业创造更多的效益。培训还能促进企业与员工、管理层与员工层的双向沟通，增强企业的向心力和凝聚力。

【案例 8】麦当劳的员工培养之道

为勤奋上进的年轻员工提供不断向上晋升的机会是麦当劳最吸引年轻人的地方。这一机会始于最琐碎的小事。也就是说，每一个刚进入麦当劳的年轻人，不论他具有什么样的文凭，一律都要从头做起：炸土豆条，做汉堡包，烤牛排，每天擦洗门窗两次，以改正自己的缺点和不足。这也是每一个走向成功的麦当劳人的必经之路。

在麦当劳的创始人克罗克看来，一个人如果缺乏在各个阶段进行锻炼的经历，缺乏在各个工作岗位上进行实践的经验，那么他是不可能以管理者的身份对他人进行监督和指导的。事实上，在麦当劳，无论是收付款，还是炸土豆条，或者是制作各式冰激凌，任何一个岗位都可以培养出未来的管理人员。

从年龄上看，麦当劳的经理队伍与员工队伍都很年轻。每个经理都要管理 100 多人的中型餐厅，而他们的平均年龄仅为 25 岁左右。这种情况在别的企业基本不存在。每个年轻人进入麦当劳后，首先要从事一些最基本的琐碎工作，这个过程一般持续 4～6 个月。此后，有才能的年轻人被晋升为二级助理。他们除了抽出一定的时间负责餐厅工作之外，还要负责订货、排班、计划、统计等管理工作。这样，他们就可以在一个小范围内使自己的工作才能得到展现，并在实践工作中丰富经验。

当然，文化素质比较高的年轻人在麦当劳有更大的提升机会，他们可以在进入麦当劳 8～14 个月后成为一级助理，也就是经理的左膀右臂。这时，就有更多、更重的责任由他们来肩负，每个人都要在餐厅中独当一面，他们的管理才能也得到相应的提高。这个阶段之后，那些表现突出的一级助理就会被提升为经理，使他们成为管理者的心愿得到实现。但是，他们在晋升之前，还需要经过一个培训阶段，到位于美国芝加哥的汉堡包大学进修 15 天。

汉堡包大学是一所独特的大学，麦当劳公司一直把它当成培训员工的国际中心。学员们可以在这里接触来自于世界各地的经理，向他们学习管理好餐厅所必需的各方面的理论知识和有关的实践经验。这一制度不仅成为麦当劳公司吸引大量有才华的年轻人的一个重要因素，而且也有助于提高麦当劳的管理水平。

麦当劳对每一位已经被提升为经理的年轻人依然提供充分的发展空间，只要他们业绩优秀，就可以晋升为监督管理人员，也就是说，可以同时负责三四家餐厅的监管工作。监督管理人员干满 3 年以后，可以升为地区顾问，到那个时候，他将作为麦当劳总部的“外交官”成为某一地区的全权代表。“外交官”责任重大，他们将是麦当劳经营哲学的传教士和产品生产标准的捍卫者。另外，地区代表只要工作表现出色，还有可能晋升为更大区域的地区代表，地位可高达麦当劳某一国家或地区的副总经理、总经理和董事长。

在培养员工方面，与别的企业相比，麦当劳有一个重要的不同点：无论管理人员多么有才华，工作多么出色，如果他没有预先培养自己的接替者，那么其在公司里的升迁将不被考虑。这个特点作为麦当劳公司的一项重要规则，保证了其管理人才不会出现青黄不接的情况。由于这关系到自己的前途和声誉，所以每个人都会尽一切努力培养接班人，并保证为新来的员工提供成长的机会。

启示

麦当劳培养能力突出的年轻人，并以不断晋升的诱惑留住他们，这样不仅可以使员工与企业之间产生有益的互补共振效应，还可以极大地增强和提高企业的实力。对于员工而言，通过不断晋升来达到个人的成功也是实现其人生价值的重要手段之一。

【案例9】IBM公司：魔鬼训练营

有人称IBM公司的新员工培训是“魔鬼训练营”，因为培训过程非常艰辛。除行政管理类人员只有为期2周的培训之外，IBM公司销售、市场和服务部门的员工全部要经过3个月的“魔鬼训练”，其内容主要包括内部工作方式、部门职能、产品和服务、销售和市场、怎样做生意以及怎样沟通等。这期间，10多门考试像跨栏一样需要新员工跨越，内容包括做讲演、笔试产品性能、练习扮演客户和市场销售角色等。全部考试合格，才可成为IBM公司的一名新员工，有自己正式的职务和责任。之后，负责市场和服务部门的人员还要接受6～9个月的业务学习。

事实上，在IBM公司，培训从来都不会停止，不学习的人不可能呆下去。从进入IBM公司的第一天起，公司就给员工描绘了一幅幅学习的蓝图。课堂上、工作中、培训经理和师傅的言传身教、员工自己通过公司内部的局域网自学、总部的培训以及到别的国家工作和学习等，庞大而全面的培训系统一直是 IBM 公司的骄傲。

鼓励员工学习和提高，是 IBM 公司培训文化的精髓。如果哪个员工要求涨薪，IBM 公司可能会犹豫；如果哪个员工要求学习，IBM 公司肯定会非常欢迎。IBM 公司非常重视素质教育，基于此，IBM 公司专门设置了师傅和培训经理这两个角色，将素质教育日常化。每个新员工到 IBM 公司都会有一个专门带他的师傅，而培训经理则是 IBM 公司专门为照顾新员工、提高培训效率而设置的一个职位。

对于员工来说，学习是一生的事情，提高自己不能停止。IBM 公司用自己的力量帮助员工做到了这一点。

【案例 10】摩托罗拉：重视对员工的教育和培训

摩托罗拉公司是电子信息产业中一家著名的国际性大企业。在当前世界经济不景气、行业竞争激烈的形势下，该公司却一直成绩斐然。究其原因，是因为公司重视对员工的教育和培训。

摩托罗拉公司奉行“人才第一”的宗旨，建立了专门教育和培训员工的摩托罗拉大学。摩托罗拉大学的教育开支非常庞大，以 1992 年为例，其教育费用达 1 亿美元，加上所费工时，实际耗资约 2 亿美元，占公司营业收入的 1.5%。摩托罗拉公司规定，无论是最基层的安全保卫人员还是高层管理者，每年至少要有 5 天的时间接受培训。1997 年，仅摩托罗拉(中国)电子有限公司在教育和培训方面的投资就超过了500万美元。

摩托罗拉公司还鼓励工程技术人员和管理人员积极参加国际学术会议,并派遣员工到海外工厂实习。为了不断提高管理人员的素质和管理经验,摩托罗拉公司不仅开设了主管指导培训项目、执行管理发展项目和高级执行管理项目,同时还与高等院校合作开设了工商管理硕士学位课程。

摩托罗拉公司始终把员工培训看成是企业经营中最重要的内容之一。公司培训部负责业务培训、制定个人发展培训规划、组织安排培训课程,以使员工能够胜任事业发展的需要。丰富的培训内容、众多的受教育机会,使公司的员工真切地感受到个人的发展与企业的发展息息相关。

企业的发展离不开对员工的教育和培训,加强对员工的教育和培训,以适应时代的需要,是企业发展最重要的战略步骤之一,也是企业控制员工流失的关键性步骤之一。

帮助员工制定职业生涯规划

在全球最大的微波炉制造中心格兰仕，38 000 名员工早已和企业结成了一个“生命共同体”，成立近 30 年来，格兰仕极少有员工主动炒老板“鱿鱼”。伴随着格兰仕制造规模的持续扩大，俞尧昌、赵静、陈署明等一大批人才在这个舞台上快速成长，他们在完成工作任务的同时，也顺理成章地实现了自己的人生价值。而这一切都得益于格兰仕长期不懈地帮助员工制定职业生涯规划。

职业生涯是指一个人一生的工作经历。职业生涯规划是指一个人在对职业生涯的主客观条件进行测定、分析、总结研究的基础上，对自己的兴趣、爱好、能力、特长、经历及不足等各方面进行综合分析与权衡，然后结合时代特点，根据自己的职业倾向，确定职业奋斗目标，并为实现这一目标做出行之有效的安排。简而言之，职业生涯规划就是一个在知己知彼的基础上确定个人的职业发展目标及路径，并采取有效行动去达成目标的过程。职业生涯规划不是一个单向的活动，相反，它是个人与组织之间的互动，可以说，个人和组织在其中是同命运、同呼吸的关系。

过去，职业生涯规划被看成是每个员工自己的事情，但缺乏职业生涯规划，就好比让员工蒙着眼睛走路，员工不知道企业的前途和自己的发展方向，于是事不关己，高高挂起。员工对企业不负责，企业就对员工不放心，更不愿意加大员工培训等投入，员工对企业也就更加不忠诚。一旦形成这样的恶性循环，人才流失的现象就会很严重。

国务院发展研究中心企业研究所的调查表明，大部分中国企业不重视帮助员工制定职业生涯规划，而这将严重制约企业的长远发展。实际上，企业能否实现利润最大化，取决于每个员工是不是发挥出了最大的能力。许多管理者却有这样的困惑：我们发给员工很高的工资，同时也有精神上的激励，为什么员工工作效率还是无法提高呢？研究发现，员工的职业爱好和身体特质是制约工作效率的两大因素，而这两个因素不可能完全通过物质刺激和精神激励加以改变，它需要通过帮助员工制定职业生涯规划来解决。

从企业的角度看，个人的职业发展目标应该与企业的战略目标一致。企业的战略目标是协调员工职业发展需要和企业人力资源规划的重要基础。企业可以通过培养有职业发展目标的员工提高员工队伍的稳定性。因此，企业人力资源规划和员工职业生涯规划最终都要为企业发展战略服务。这就需要把企业的战略目标与明确的人力资源开发项目相结合，根据企业未来的发展趋势，预测未来人力资源的需求和供给状况，制定相应的政策和措施，使企业在目前和将来对人力资源的需要能得到及时的补充和满足，使学习和培训成为员工个人和企业整体发展的有效工具，使企业发展与员工成长同步进行。

从员工的角度看，职业发展目标的设定是职业生涯规划的核心。职业发展目标的设定，是员工继职业选择后，以才能、性格、兴趣、环境等信息为依据，对人生目标做出的一项重要抉择。职业生涯规划有利于员工明确人生的奋斗目标，激励自己积极去创造条件以实现目标；有利于员工充分发挥个人潜力，为社会、为企业创造出更大的价值；有利于员工积极地提高自己的综合素质，强化竞争实力。

企业制定富有战略远见而又符合客观实际的人力资源规划，可以使员工据此制定自己的职业生涯规划，让员工知道自己在本企业的发展机会和成长空间。

在帮助员工制定职业生涯规划时，管理者不能仅仅考虑员工的现状如何，而要挖掘员工的潜能，设想员工发挥出所有潜能时将是一个怎么样的情景，这样就可以突破员工现有情况的局限，从而向员工描绘出一幅其所渴望企及的美好前景。管理者要与员工进行沟通，以勾画出员工未来可能达到的状态，这主要从正面进行，即多谈员工的优点，使员工突破自身的胆怯心理，帮助他们看到自身的长处有助于实现自己的职业生涯目标。

在帮助员工制定职业生涯规划时，管理者应该针对员工而非岗位。因为员工通常都希望职业生涯规划是为他们量身定制的，而不是为岗位的所有人制定的。

职业生涯规划应对员工有激励作用。管理者帮助员工制定的职业生涯规划应该符合员工的价值观和需求，应该让员工从中看到个人利益，以及这些利益对自己带来的好处。

由于职业生涯是一个长期的、渐进的过程，如何在这个过程中尽快地提高员工的能力，对管理者而言，是一项艰巨的任务，而一套好的工具有利于管理者帮助员工制定职业生涯规划。管理者可以将员工胜任能力素质模型作为辅助工具来帮助员工制定职业生涯规划。具体做法如下：找出员工能力的强项和弱项；让员工谈谈对自己能力发展的想法；制定提高员工能力的计划；争取与员工达成一致；共同确定提高员工能力的行动步骤;不断进行改进,并与员工进行及时沟通。

【案例 11】张瑞敏:个人生涯计划与海尔事业规划的统一

“个人生涯计划与海尔事业规划的统一”是海尔 CEO 张瑞敏在塑造海尔员工的共同愿景时提出的观点。

张瑞敏认为,海尔要实现企业的总体目标,首先要实现个人生涯计划与海尔事业规划的统一。要调动全体员工的积极性,不断提高产品的质量,首先要解决共同价值与个体价值的关系问题。企业的基础是个人,没有个人能力的发挥,不了解个人能力是怎样发挥作用的,企业就不能成为一个有机整体,也就不可能形成企业活力。事实上,企业的所有问题都在于人,而每个人都有自己的意愿。设立企业的共同愿景就要关注个人的意愿、心智和思考方式。如果员工本身没有被充分激励,没有向实现个人价值的目标挑战,就不会有企业的成长。所谓共同愿景,就是要充分兼顾员工个人的利益、目标、爱好和志向,充分调动每个员工的积极性,激励他们为企业的共同事业贡献力量。

如果一个企业有愿景,表明它正在走向成熟。走向成熟的企业,对内部管理、团队建设、员工素质等各方面的要求会越来越高,这时候帮助员工制定职业生涯规划才是企业最需要做的一件事。海尔员工的个人生涯计划与海尔事业规划是一致的,这充分展示了张瑞敏的雄心。

【案例 12】联想：员工的两条发展路径

联想的人才发展理念是“个人主动规划；上级指导；业务提供事业空间和发展舞台；人力资源建立机制和体系保障”。

除了“经理——高级经理——总监——副总裁——总裁”的职业发展路径外，从 2000 年开始，联想从研发人员开始建立专业发展路径，推出了技术职称体系，有志于在专业方面精深发展的研发人员可以沿着“助理工程师——工程师——主管工程师——资深工程师——副主任工程师——主任工程师——副总工程师——总工程师”的路径发展。

2001 年至今，在研发、工程、技术支持 3 个技术专业序列之外，联想逐步开始建立渠道销售、大客户销售、产品、采购、财务、管理咨询等岗位序列的专业发展路径，通过明确各专业序列不同层级岗位的胜任能力要求，为员工确立职业发展路径和方向。

两条发展路径是联想帮助员工实现职业发展的重要机制：对个人来说，可以根据个人的特长和职业兴趣选择合适的发展路径，实现自身的职业发展；对联想来说，为各类专业人才提供更多的选择机会和发展空间，可以最大限度地挖掘员工潜能。

帮助员工制定职业生涯规划是以企业与员工共同成长、共同发展和共存共荣的观念为基础的，是企业以人为本管理思想较好的实现方式，它具有深层次的激励效应，可以最大限度地挖掘员工潜能。

【案例 13】惠普：帮助员工制定职业生涯发展规划

惠普公司有一门职业生涯规划管理的培训课程，该培训课程主要包括两个环节：一是用各种测试工具及其他手段对员工进行评估；二是结合个人特点、工作环境等因素帮助员工制定职业生涯规划。

惠普公司首先运用 6 种工具来掌握每位员工的特点并做出评估。这些工具包括：

1)让员工撰写自传，以了解员工的个人背景。自传包括接触过的人、居住的地方和生活中发生的事、以往的工作转换及未来计划等内容。

2)志趣考察。包括员工愿意从事的职业、喜欢的课程、喜欢与哪种类型的人交往等内容。

3)价值观研究。了解员工在经济、审美、社会、政治和宗教信仰等方面的价值观。

4)24 小时日记。要求员工记录一个工作日和一个非工作日的活动，以便进行侧面了解。

5)与两个重要人物面谈。让员工与朋友、配偶、同事和亲属谈自己的想法，并进行电话录音。

6)生活方式描述。让员工用语言、照片等方式向他人描述自己的生活方式。

对员工进行评估后，部门经理会逐一地进行深入了解，然后再总结出员工目前的任职情况，这些信息将提供给高层领导和人力资源管理部门，以帮助员工制定职业生涯规划。

启示

惠普公司汇集着大量素质优秀、训练有素的科技和管理人才，他们是惠普竞争力的主要源泉，被惠普视为最宝贵的财富。惠普能吸引、留住并激励这些科技和管理人才，不仅靠丰厚的物质待遇，更重要的是通过帮助他们制定职业生涯规划，向他们展示未来的成长空间和发展机会。

让员工在竞争中不断成长

管理是一门艺术，其核心是让员工在各自的职位上不断成长，并为企业创造更多的财富和价值。为此，管理者需要塑造一个公平公正的竞争环境，让员工在竞争中不断成长。当员工有了竞争意识，他就会努力提高自己，实现企业的目标。

实际上，无论在什么样的条件下，员工之间一定会存在竞争。但竞争又分为良性竞争和恶性竞争，管理者的职责就是要遏制员工之间的恶性竞争，积极引导他们进行良性竞争。总的来说，引导员工进行良性竞争的技巧可以归纳为以下几种。

第一，建立一套科学合理的绩效管理制度，多从实际绩效着眼评价员工的能力，而不能根据其他员工的意见或者自己的好恶来评价员工的绩效。

第二，创造一套公开的沟通体系，让员工们多接触，多交流，有话摆在明处讲，有意见当面提。

第三，绝不纵容那些在背后给同事穿小鞋的员工，坚决惩罚那些为谋私利而不惜攻击同事的员工，清除那些破坏企业正常工作的“害群之马”。

【案例 14】让员工感到自己处于竞争中

美国某铸造厂的老板经营了许多工厂，但其中有一个工厂的效益始终徘徊不前，员工们毫无干劲，不是无故缺席，就是迟到早退，交货总是延误。有一天，这个老板发现，自己交代给这个工厂的工作任务一直没有完成，于是他便亲自出马。这个工厂采用昼夜两班轮流制，他在夜班要下班的时候，在工厂门口拦住一个作业员问：“你们的铸造流程一天可以完成几次？”这个作业员答道：“6 次。”这个老板听完后一句话也没说，就用粉笔在地上写下了“6 次”。上早班的作业员看了这个数字后，经过努力，竟然完成了 7 次铸造流程，并在地面上把“6 次”改写成“7 次”。到了晚上，值夜班的作业员为了刷新纪录，竟然拼命地完成了 10 次铸造流程，并在地面上把“7 次”改写成“10 次”。过了半个月，这个工厂已经能相当出色地完成工作任务了。

没有竞争对手，员工们做事往往拖拖拉拉或者停滞不前；有了竞争对手，员工们做事往往激情四射或者动力十足。

参考文献

稻香.2006.管好你的核心员工. 北京:中国纺织出版社.

杜海龙.2006.宠信你的员工:一种真正有效的管人观念和艺术.北京:北京邮电大学出版社.

格兰兹.2004.留住你的金员工.迟文成译.北京:中信出版社.

杰克·米切尔.2008.拥抱你的员工. 方颖译.北京:机械工业出版社.

马修·凯利.2009.梦想管理:员工与企业共赢之道. 吕美译.北京:机械工业出版社.

迈克尔·威廉姆斯.2008.领导力入门必读. 方玲玲译.汕头:汕头大学出版社.

苗志坚.2009.带着员工一起发展.北京:中国城市出版社.

苏晓光.2007.搞定你的员工. 哈尔滨:哈尔滨出版社.

约翰·阿代尔.2008.员工激励. 王珍译.海口:海南出版社.

于富荣.2009.世界上最伟大的员工精神.北京:北京工业大学出版社.

岳阳.2009.让员工跑起来:授权与激励的艺术.北京:清华大学出版社.